本书为博众精工文化资助项目

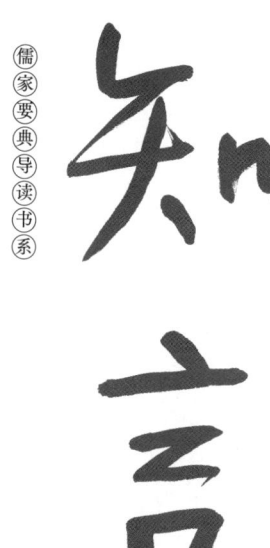

儒家要典导读书系

知言

宋·胡宏 撰
张旭辉 导读

黄山书社

出版说明

一、儒家道统一脉相承，源远流长。西汉中期独尊儒术以后两千多年，儒家精神和学问向来是华夏文明的主流，尤其是经宋儒构建了完整的体系之后，从此以仁义礼智信、温良恭俭让为核心的儒家精神为天下共尊，庙堂之高，江湖之远，男女莫不知，童叟均熏染，上下一贯、内外通透，成为华夏民族的血脉和灵魂。

二、"人能弘道"。尧舜禹汤、文武周公、孔曾思孟、程朱陆王是儒家道统的圣贤，圣贤传心，经典载道，相辅相成，缺一不可。"夫子之文章"是儒家的载道之学，"夫子之言性与天道"是儒家的传心之学。儒家精神来自天道，见诸人心，靠教育来落实，教育需以经典为载体。

三、儒家数千年的经典，以六经四书和历代大儒的见道文字为核心，有经，有传，有注疏，有讲解。文以载道，圣贤们的奏疏、书信、记铭等等，莫不有天理存焉。儒家的经典文字，皆为圣贤们在不同时空和环境下应机而作，是他们体验和践履天道天理的遗存，是不同时期儒者的责任和事业。历史发展到今天，各种环境均发生了很大的移易，甚至语言系统亦有根本转变。但无论时代如何变化，人们在身心上对德性的需求、对生命问题的探索，永无止息，历久弥新。"儒家要典导读书系"即是选取儒家道统历史长河中的重要典籍，在新时代环境下，进行整理、导读和讲解。

四、"儒家要典导读书系"所选取的经典，往往是历史上起到重要作用的著述和文字，希冀以点带面，能展现儒家学问的全貌，并做出新时代和新语境下的解读，俾使普通读者发现天行健生生不息之精神，体悟自性本有之光明，完善自我人格，获取生命的喜悦感；也力图使得有志于儒家修齐治平理想的大魄力者，能以此为进学基石，循序渐进，日积月累，盈科而后进，放乎四海。

五、"儒家要典导读书系"对经典文字的整理，主要依据重要古本，参考现有优良整理本，并订正其舛误。章节分段、文字断句、标点符号等关系到对儒家精神和大儒学问的理解，当涵泳文意，反复揣摩，慎加抉择，断以己意，整理出一个清晰明确的完整简体字本，而一般不出校记。于书首撰写详尽导读，尤从儒家真精神及工夫体悟角度，阐扬圣贤们的学问面目，以期对今人的身心有所裨益。

六、孟子曰："有天爵者，有人爵者。仁义忠信，乐善不倦，此天爵也；公卿大夫，此人爵也。古之人修其天爵，而人爵从之。"岁月潮流滚滚向前，每个时代的人有每个时代下的责任，实为义不容辞。愿有心君子共同努力，默而识之，学而不厌，秉文之德，对越在天。

目录

导读 001

知言

四库提要 038

原序 039

卷一 041

卷二 065

卷三 087

卷四 102

卷五 118

卷六 132

跋　跋胡子知言稿 140

　　　胡子知言跋 141

附录

论五峰 144

胡子知言疑义 154

《五峰集》选录 163

《五峰集》原序	163	与彪德美（二十三首）	188
胡仁仲遗文序	163	与孙正孺书（六首）	198
与秦会之书	164	与谈子立书（二首）	200
与吴元忠（四首）	165	与毛舜举书	201
与明应仲书	169	邵州学记	201
与高抑崇书	170	复斋记	203
与曾吉甫书（三首）	172	有本亭记	204
与刘信叔书（五首）	174	不息斋记	205
与原仲兄书（二首）	177	《程子雅言》前序	206
与陈应之书	179	《程子雅言》后序	208
与樊茂实书	180	《周子通书》序	210
与汪圣锡书	180	横渠《正蒙》序	211
与沈元简书	181	《皇王大纪》序	211
与向伯元书	182	彪君墓志铭	213
与丁提刑书	182	题吕与叔《中庸解》	215
与黄继道书	183	题司马傅公帖	216
与折允升书	183	题张敬夫《希颜录》	216
与张敬夫（七首）	184	题《大学》	217

传记资料　胡宏传　　　　　　　　　　　219
　　　　　　五峰学案　　　　　　　　　　222

导读

一

宋徽宗在即位第三年的崇宁元年（1102）五月，对其兄长哲宗元祐（1086—1093）、元符（1198—1100）期间曾经反对王安石变法的已故大臣司马光（1019—1086）、文彦博（1006—1097）等人开始降复赠官，其他元祐、元符诸臣也追夺官职不等；七月，诏蔡京为尚书右仆射兼中书侍郎，入政府执政，焚毁元祐之法；九月，徽宗亲自御书党籍三百〇九人名单，命人刻石于端礼门，是为元祐党籍碑。这是北宋晚期因之前王安石变法而导致的政治大震荡，对两宋之际的政治生态影响极大，波及弘远。

倾巢之下，晚年的伊川先生（1033—1107）便因党禁连累，被夺官、禁学，并于大观元年（1107）在伊洛之滨的家中去世，年七十五。之后宋高宗南渡，开始逐渐起复伊川门人杨时（龟山，1053—1135）、尹焞（和靖，1071—1142），这时仍有谏官上疏攻击伊川之学，以为惑乱朝野，乞加屏绝。此时，私淑伊川的大儒胡安国（文定，1074—1138）正闲居湖南衡阳，上书朝廷，说："欲使学者蹈中庸，师孔孟，而禁不从程颐之学，是入室而不由户。"

纵观华夏文明的核心儒家学问和精神的发展历程，有几次重大转折。简要而言，公元前十一世纪周朝的建立，周公制礼作乐，设官分职，是对此前儒家学问和精神的第一次集大成。公元前六世纪礼崩乐坏，王官下移，天生孔子（前551—前479），整理六经，广施教育，是第二次集大成，百余年间他和曾、思、孟三子共同建构了儒家学问的经典系统。公元十一世纪值中国历史的重要发展阶段北宋王朝前半期，经过差不多百年如宋初三先生以及范仲淹（文正，989—1052）等先驱们的开辟，在天下之中河南的二程兄弟，前受老师周敦颐（濂溪，1017—1073）启蒙，又与同道邵雍（康节，1011—1077）、张载（横渠，1020—1077）一起重新发展了新时期下儒家学问和精神的新面貌，使得儒家精神的教育宗旨益发彰显，尤其是以新的语言系统和义理系统构建了上下完备、内外通透、体用兼具的儒学新大厦，是第三次集大成。此后近千年的儒家学问，江山代有才人出，尤以后世称誉的宋明理学蔚为大观，产生了朱熹（文公，1130—1200）、张栻（南轩，1133—1180）、陆九渊（象山，1139—1193）、文天祥（信国，1236—1283）、方孝孺（正学，1357—1402）、薛瑄（文清，1389—1464）、陈献章（白沙，1428—1500）、王守仁（文成，1472—1529）、王夫之（船山，1619—1692）等旷世大儒，宛如航海灯塔，造就了光明俊伟的华夏文明。而前面提到的胡文定的话，是对离他最近的二程兄弟的学问极为精炼的概括，既是历史层面的总结，亦是义理层面以及修习工夫层面的指点。

儒家的全副精神，在于构建和谐的人间秩序。圣人以万物为一体，修习并成就个人的和谐生命，明自己身心之明德，并以此立人、达人，新万千之民，以臻于至善，这是儒家学问和精神的纲要。《大学》第一句所揭示的儒学纲要，其实与中庸不二。至善是为中，是本体，不偏且不倚；明明德、新民是为庸，是发用，平常而不易。天命之性，率性之道，是中，是喜怒哀乐之未发；修道之教，自我教育和教育他人，具体而言即礼、乐、刑、政，是庸，是喜怒哀乐之已发。《礼记·乐记》："礼、乐、刑、政，四达而不悖，则王道备矣。"用今天的话来说，礼和乐是天下国家赖以生存的哲学基础，刑和政则是天下国家得以治理的具体施为。中庸精神是儒家的核心精神，因此孔子说："中庸其至矣乎！"天下国家如此，个人的修习亦如此，"君子依乎中庸，遁世不见知而不悔"，孔子又说："君子中庸，小人反中庸，君子之中庸也，君子而时中；小人之中庸也，小人而无忌惮也。"孔子多以"仁"来指代中庸，孟子多以"义"来换着说中庸，到了二程子则以"天理"二字说中庸，伊川先生说："视听言动，非理不为，即是礼，礼即是理也。不是天理，便是私欲。人虽有意于为善，亦是非礼。无人欲即皆天理。"（《河南程氏遗书》卷第十五）因此，"损人欲以复天理，圣人之教也"（杨龟山订定、张南轩编次《河南程氏粹言》卷第一，出自《周易程传》卷第三《损》卦辞传）。通过损人欲以复天理，作为儒门修习和教育的根本途径，以通达孔仁孟义之道，而具体工夫即是诚敬。胡文定体悟到时代发生了根本性变化，对于当今的学习者而言，唯有由此途径方能使得具体的学习有落实处，而不至于蹈空就虚或食古不化。因此程子之学是通向孔孟之学的门户，想登孔孟之堂、入孔孟之室，舍去程子之学，便缺乏具体的教法，断难实现。

在程子生前及身后，诸门人便逐渐将程子之学传播到各地。杨龟山返回福建时，明道先生（1032—1085）化用东汉末马融送别郑玄的话说："吾道南矣。"宋室南渡后，随着全国政治中心、文化中心和经济中心南移，程子之学的重心也基本上转移到了南方，其大体脉络为："伊川之学，传于洛中最盛，其入闽也以龟山，其入秦也以诸吕，其入蜀也以谯天授辈，其入浙也以永嘉九子，其入江右也以李先之辈，其入湖南也由上蔡而文定，而入吴也以王著作信伯。""信伯极为龟山所许，而晦翁最贬之，其后阳明又最称之。予读信伯集，颇启象山之萌芽。其贬之者以此，其称之者亦以此。象山之学，本无所承，东发以为遥出于上蔡，予以为兼出于信伯。盖程门已有此一种矣。"（《宋元学案》卷二十九《震泽学案序录》）程子之学，全体完备，正是一代宗师的作风。传到各地，便会因传播者的资质、接受度和当地原有学风等综合因素，映现出不同的面向和学问风格。

二

胡宏（字仁仲，号五峰，1105—1161）曾说："自舂陵周先生死，湘中学者无所师承，吾先君南渡熊湘，君一见则有得于心，及其子长，遂命受业于门矣。"（《五峰集》卷三《彪君墓志铭》）这句话简要讲述了湖湘之学的源头。周濂溪为湖湘学的开端，他的学问来自《周易》《中庸》，受中唐以来禅宗兴盛的诱发，大概又得到过道教的熏染，终究以儒学为归宗，著《太极图说》《通书》开创了早期的心性之学，从义理层面解决了儒学在"人的身心从何而来"的问题，扩充了汉唐以来儒学的逼仄局面。周濂溪对少年二程兄弟产生了决定性的影响，主要就在心性之学上。此前儒家学问为传经之学，二程子之后一变而为传道之学。人的身心莫不与天地万物有关，人既是天地万物的一部分，亦承担天地万物的责任，上至天地，中至家国庙堂，下至个人生命和家庭，全体大用，无不涵盖。与其说周濂溪之学是湖湘学的开端，尚不如说是宋明新儒学的滥觞。而湖湘学真正的起源，当属胡五峰之父胡文定。文定十七岁时赴首都汴京，进入国家的最高学府太学，少年颖悟，适逢"元祐盛际，师儒多贤彦"，接触了许多师儒，尤其是跟随程子的一些友朋深入学习，对他的平生学问产生了根本性影响。胡文定的学和行，逸夫《胡文定〈春秋传〉导读》一文有详尽述评。在胡文定的进学过程中，有两条学脉交汇到他这里，奠定了他的学问规模。一是宋初三先生之一孙复（泰山，992—1057）的春秋学，一是程子之学。伊川先生本来著有《春秋传》，可惜未成全稿，而孙泰山的春秋学在儒家义理方面尚欠完备，只有到了这两条脉络交汇于胡文定一身，他才以卓绝的学识融合了孙泰山的经学理路和伊川先生的心性之学，以一生精神撰成《春秋传》，完成了伊川先生的志愿，成就了天理和文章兼备的经史之作，被孟子称为"天子之事"的《春秋》大义粲然彰显于世。清康雍乾时期大学者全祖望（谢山，1705—1755）说："私淑洛学而大成者，胡文定公其人也。文定从谢、杨、游三先生以求学统，而其言曰：'三先生义兼师友，然吾之自得于《遗书》者为多。'……南渡昌明洛学之功，文定几侔于龟山，盖晦翁、南轩、东莱皆其再传也。"（《宋元学案》卷三十三《武夷学案》）

宋高宗建政初期，一切草创，政局极不稳定，外有金人的步步紧逼，内有大小军阀的桀骜不驯，甚至在即位后不久的建炎三年（1129）还遭遇过随侍护卫军队的苗刘兵变。在这样的乱局中，胡文定父子暂时避地荆门，正在前路不定之时，长沙门人黎明（字才翁）"为卜室庐，具器币，往迎之，胡氏之居南岳，实昉于此"。胡文定本来是福建武夷人，最终定居衡岳，广聚门徒，阐扬儒风，湖湘有灵，传下了程子之学的重要一脉，因此全谢山称誉黎才翁说："湖湘学派之盛，则先生最有功焉。"而一直随侍文定的次子胡宁（字和仲，号茅堂）和季子胡五峰也在颠沛流离之中，转益多师，并最终深受父亲学问和精神的传授和熏染，个人生命获得了根本性的提升，学问也逐渐定型，和出生后便过继给文定的长兄胡寅（1098—1156，字明仲，号致堂），以及文定之侄、朱子之师胡宪（1086—1162，字原仲，号籍溪）一起成为并世大儒，"树节南宋之初，盖当时伊洛世适，莫有过于文定一门者"（全谢山《书宋史胡文定传后》）。其中，"绍兴诸儒，所造莫出五峰之上，其所作《知言》，东莱以为过于《正蒙》，卒开湖湘之学统"（《宋元学案》卷第四十二《五峰学案序录》）。

经学者考证，五峰先生生于宋徽宗崇宁四年（1105），靖康事变那年（1126）二十二岁，卒于宋高宗绍兴三十一年（1161），享年五十七岁，门人张南轩在《五峰集序》中痛惜他"不幸仅得中寿"。绍兴年间五峰曾上书数千言，忤权相秦桧意，以荫补承务郎，久不调升，桧死始召用，辞疾不赴。五峰自幼志于大道，早年在京师时曾向杨龟山学习过，又和程门四先生的另外一位醇儒侯仲良（师圣）因缘甚深，得到许多教导，深得程子之学精髓。"靖康元年，河南门人河东侯仲良师圣自三山避乱来荆州，某兄弟得从之游，议论圣学，必以《中庸》为至。……按河南夫子，侯氏之甥，而师圣又夫子犹子也。师圣少孤，养于夫子家，至于成立，两夫子之属纩，皆在其左右。其从夫子最久，而悉知夫子文章为最详。其为人守道义，重然诺，言不妄，可信。"（五峰《题吕与叔中庸解》）侯师圣是程门中难得的沉潜踏实者，平生经历坎坷，对五峰的学问有着很大的影响。比如五峰在《论语指南》中讨论曾子言"夫子之道，忠恕而已矣"和《中庸》"忠恕违道不远，施诸己而不愿，亦勿施于人"时说："夫忠恕即道也，而子思谓之'违道不远'者，闻诸侯师圣先生曰：'以学者施诸己而不愿，然后不施诸人，故谓之"违道不远"，非以忠恕为违道不远也。'"五峰直接点明忠恕即根本大道，而《中庸》讲"忠恕违道不远"似乎有所扞格，他引侯师圣的话，说《中庸》"施诸己而不愿，亦勿施于人"是"违道不远"，可"忠恕"二字仍无法落实，因此五峰进一步申说："忠恕者，天地之心也。人而主忠行恕，求仁之方也。施诸己而不愿，亦勿施于人，即主忠行恕之实也。……夫人能忠恕，推己及彼，轻重先后，不失其宜，仁之至，义之尽也。"侯师圣之言尚不够圆满，五峰"优游衡山下余二十年，玩心神明，不舍昼夜"，所造透彻，体悟深入，终能把这个问题讲明。侯师圣和胡文定在程子之学和春秋学这两个方面，共同影响和造就了胡五峰学问的高迈和纯粹，成为程子之学传至湖湘的枢纽性大儒。后来东南三先生之一的张南轩多次向五峰问学，从根本上承继了五峰之学，在学问和传承上树立了湖湘之学的数十年之盛。

被全谢山称作"乾、淳诸老之后，百口交推，以为正学大宗者"的南宋晚期大儒、福建浦城人真德秀（西山，1178—1235）是朱子身后推广朱子学的决定性人物，他在嘉定十五年（1222）任湖南安抚使兼知潭州时，曾概括了经过胡文定、胡五峰、张南轩以及五峰的另一位高足、在南轩之后主讲湖湘之学重镇岳麓书院的彪居正（字德美）诸儒，同心同德、先后传承发扬数十年后湖湘之学的盛况：

"窃惟方今学术源流之盛，未有出湖湘之右者。盖前则有濂溪先生周元公生于舂陵，以其心悟独得之学著为《通书》《太极图》，昭示来世，上承孔孟之统，下启河洛之传；中则有胡文定公以所闻于程氏者，设教衡岳之下，其所为《春秋传》专以息邪说、距诐行、扶皇极、正人心为本，自熙宁后此学废绝，公书一出，大义复明，其子致堂、五峰二先生又以得于家庭者，进则施诸用，退则淑其徒，所著《论语详说》《读史》《知言》等书，皆有益于后学；近则有南轩先生张宣公寓于兹土，晦庵先生朱文公又尝临镇焉，二先生之学源流实出于一，而其所以发明究极者又皆集诸老之大成，理义之秘至是无复余蕴。此邦之士登门墙、承謦欬者甚众，故人材辈出，有非它郡国所可及。"（《西山先生真文忠公文集》卷第四十《劝学文》）真西山之言，实为湖湘学的简要学史。

三

古来人们奢谈的湖湘之学，到底是一种什么风格的学问？

胡五峰和真西山所追溯湖湘之学的源头为周濂溪，一直到今天湖湘大地上的各种有关纪念馆，仍首先纪念或祭祀濂溪。前已简要论述过周濂溪之学，实为整个宋明新儒学的源头，自然也可以看作湖湘之学的开山。濂溪学问高明，尚有二程子建立天理之学之前的汉唐之风，但已是光明心性之学。湖湘之学当然是为己之学、大人之学，但真正奠定湖湘之学基础的是胡文定。胡文定的学问根基是天理之学，彰显为春秋学，二者可视为体用关系。达巷党人曰："大哉孔子，博学而无所成名。"子闻之，谓门弟子曰："吾何执？执御乎，执射乎？吾执御矣。"（《子罕篇》）圣人之学无适无莫，在世人看来即"无所成名"，其实这种"君子不器"的学问，唯随所处世间的环境而彰显出不同的面目，故而执御乎可也，执射乎亦可。孔子彰显为仁学，孟子为义学，濂溪为太极之学，程子为天理之学，文定为春秋学，阳明为良知学，归根结底皆为圣人之学。全谢山在讨论南宋后期的学术时，曾表达过同样的道理："宋乾、淳以后，学派分而为三：朱学也，吕学也，陆学也。三家同时，皆不甚合。朱学以格物致知，陆学以明心，吕学则兼取其长，而复以中原文献之统润色之。门庭径路虽别，要其归宿于圣人，则一也。"（《同谷三先生书院记》）

既然湖湘之学由胡文定的春秋学奠基，则以天理为依归的春秋学便成了湖湘之学的基本特色。《宋元学案》卷三十四《武夷学案》在叙述胡文定门人向沈的学问时曾说："先生痛心家国，日从文定讲明春秋复仇之说。"此言点明了湖湘之学的重要学风，一是痛心家国，一是春秋复仇之义。胡五峰所处的时代，正好跨越两宋，而他的主要活动在南宋初期。"靖康耻，犹未雪。臣子恨，何时灭！"北宋的覆亡，对于有切骨之痛的南宋君臣百姓来说，是石破天惊的家仇国恨；而拉开历史的距离，从整个大历史的角度去看，也是一件改变了历史走向的巨大转折，近代以来史学界喜谈所谓唐宋变革论，着眼点即在此。东京时代的无限繁华，迅速崩溃于内忧外患，南渡后不但没有因为家国的奇耻大辱而消除内忧，而且外患又格外紧迫,这成了南宋朝野的共同深痛,念兹在兹,无一刻可忘。胡文定在《春秋传》中多次强调"《春秋》以复仇为重"(卷十闵公二年九月"夫人姜氏孙于邾"传),他在卷七庄公四年"冬,公及齐人狩于禚"传中先引用《穀梁传》"不复仇而怨不释"之义,进而引申说:"父母之仇,不共戴天;兄弟之仇,不与同国;九族之仇,不同乡党;朋友之仇,不同市朝。"儒家学问既全副精力在世间,自然当以平生所学的天理良知之学去处理家国仇恨,成为新时期下儒学的"换着说"。

胡文定的春秋学必从此角度去看,方能懂得他如何融合《春秋》中的王道之义于他所处的时代。孟子说《春秋》是"天子之事",天子乃贯通天道和人道的枢纽,说"天子之事"便点明了天人合一之义,后来司马迁总结他著史的纲领第一条"究天人之际"的涵义实从孟子之说而来。"天子之事"即"究天人之际"。孟子又说:"王者之迹熄而《诗》亡,《诗》亡然后《春秋》作。"何谓"王者之迹"?《礼记·乐记》云:"礼、乐、刑、政,四达而不悖,则王道备矣。"规范世道人心的礼,和谐天地万民的乐,治理家国天下的政,严行秋杀惩罚的刑,四者缺一不可,方为王者之迹。《礼记·坊记》:"礼以坊德,刑以坊淫,命以坊欲。"礼乐用来培护道德,刑法用来禁防言行的流荡,知晓天命可以克治人欲。这一点司马迁的综论便很好:"礼禁未然之前,法施已然之后;法之所为用者易见,而礼之所为禁者难知。"(《太史公自序》)《诗经》三百篇的时代,世风虽然已经开始出现变化,但经过孔子的编选取舍,仍然能"一言以蔽之,曰思无邪"彰显王道精神。明主秦穆公(?—前621)死,却殉葬一百七十七人,秦国人才由此凋零,尤其是"以子车氏三子奄息、仲行、针虎为殉,皆秦之良也"(《春秋左传》文公六年),国人哀之,为之所赋的《黄鸟》一诗实为王者之迹的最后绝响,从此《诗》亡,"人欲肆而天理灭矣"。孔子哀痛于此,"天理之所在,不以为己任,而谁可",他一改只述说先王之道而不自作的原则,晚年述作《春秋》,为万世立法。"知孔子者,谓此书之作遏人欲于横流,存天理于既灭,为后世虑至深远也。"《春秋》记述二百四十二年之事,只是一部存天理遏人欲之书。胡五峰说:"天理、人欲,莫明辨于《春秋》。圣人教人消人欲、复天理,莫深切于《春秋》。"(《知言》卷四)孔子采用义例分明的章法,褒善贬恶,成就一部百王不易之经世大法,个中义例和由义例反映出来的天理之学,需后学潜心往复,细细体悟。胡文定尤其体悟到儒门六经的一贯精神,六经不是后世学者所看作的训诂考据之经学,也不是近世以来所谓文史哲那样的分类学科,而是"夫子之道,忠恕而已矣"的一贯之学。"公好恶,则发乎《诗》之情;酌古今,则贯乎《书》之事;兴常典,则体乎《礼》之经;本忠恕,则导乎《乐》之和;著权制,则尽乎《易》之变。"而《春秋》则"见诸行事",为"百王之法度,万世之准绳"。(以上均引自胡文定《春秋传序》)四百年后阳明先生在《尊经阁记》中说:"六经者非他,吾心之常道也。故《易》也者,志吾心之阴阳消息者也;《书》也者,志吾心之纪纲政事者也;《诗》也者,志吾心之歌咏性情者也;《礼》也者,志吾心之条理节文者也;《乐》也者,志吾心之欣喜和平者也;《春秋》也者,志吾心之诚伪邪正者也。"胡文定和王阳明二先生这两段话的前后一贯,古今一揆,圣贤同心,值得每一位后学细研其具体节目,并体验于身心,若有所得,才能通贯六经之学。

程子之学全体大备，是圣人之学，礼、乐、刑、政无一不有。传衍至后学，则各有千秋，各有侧重，这不是说他们遗漏了哪一点，而是由于个人气质不同而所感受到的时代环境亦有异，因此在某个向度格外会心而已。湖湘之学的特色，在于融合了天理之学的春秋学，痛心于当世的家国仇恨，尤其重视政治层面的细节。这在湖湘之学于胡文定身后最重要的两位大儒胡五峰和张南轩的学问上显得十分明显。

四

如果将其代表作《知言》比拟为五峰学问之经，而他留存至今的《五峰集》可为《知言》之传，而《皇王大纪》则为其春秋学。后学唯有三者互参，方能透彻理解这位成就了湖湘全体之学的醇儒。他前继程子和父亲文定之学，后开益发纯熟高迈的张南轩之学，而集程子以后各派儒者学问之大成并上通孔孟的朱子之学，亦深受五峰之学和南轩之学的浇灌熏陶，之后才逐渐于诸儒学问左采右获，优入全体大备、几无渗漏的成就。故而五峰实为两宋之间新儒学的转折性大儒，他的学问更是兴盛一时、以经营天下事为志向的湖湘学之成就者，正如黄宗羲（梨洲，1610—1695）在《五峰学案》中说他"卒开湖湘之学统"，流波所及，一直到近世曾文正公以后，长江后浪推前浪，天下瞩目。长江中游和洞庭湖以南、湘江贯穿全境的这片土地，远古为百越之地，春秋战国为楚国所属，隋朝称为潭州，唐代宗始有"湖南"之名，因为唐中期禅宗六祖门下南岳怀让大师阐扬宗风而蔚为大观，又以胡氏一门及张南轩、彪德美诸儒所构建的儒家湖湘之学，成为华夏神州山川锦绣、人杰地灵的热土。

孔子指示颜子的"克己复礼"四字，实际上可分为儒门两大修习路径。克己，是克治自己的私欲，时时格物，上达天理，是"物格而后知至"，可概括为由外向内透；复礼，是复归其天地之心，然后"非礼勿视、听、言、动"，是"知止而后有定"，可概括为由内向外透。"克己复礼为仁"，是克己和复礼皆为仁，而"一日克己复礼，天下归仁焉"，克得己私一分，便能复得礼乐一分；同样，复得礼乐一分，便能克得己私一分，天下便能归于你的仁，并不是天下都认可你的仁，而是天下都归于你的仁内。不能克己复礼，是"你未看此花时"；天下归仁，是"你看此花时"。孟子之"由仁义行"，察乎仁义之四端，然后扩充于万事万物，是复礼，由内向外透；孟子又言"必有事焉而勿正，勿忘勿助长"，提示集义而生浩然之气，是克己，由外向内透。程子体贴出天理以后，存天理是复礼，遏人欲是克己，存得天理一分便能遏制人欲一分，遏制人欲一分便能存得天理一分。陆象山"先立乎其大者"之"大者"即天理，是"千虚不博一实，吾平生学问无他，只是一实"的实学，是由内向外透。而朱子早年向程子的再传门人李侗（延平，1093—1163）问学，延平指示他体悟孟子夜气之说，并"于涵养处着力，正是学者之要，若不如此存养，终不为己物也"，实际上告诉朱子的是由内向外透的工夫，因此朱子一开始并不能契心。张南轩第一次见他并赠他胡五峰的《知言》以读，而五峰提倡的先察识、后操存工夫亦为由内向外透，朱子仍不能契心，并与南轩开始反复详尽地论学，尤其是他于孝宗乾道三年（1167）亲赴潭州岳麓书院和南轩两个月的朝夕相处，充分切磋，终于领悟到这一理路和工夫，极为受益，是朱子学问进步的转折性事件。朱子和南轩的相与论学，详情可参逝夫《张栻〈论语解〉〈孟子说〉导读》一文。

这里不妨再多谈几句"克己"工夫。许多学儒者，只孜孜于书册，但在具体工夫即"如何才能做到"上苦于抓不住把柄和入手处。克己，暂可转换为今天的语言为"自律"。五峰《与孙正孺书》说："贫家绝禄，又供远费，会计岁入不赡，正以为挠。辱下喻，寻常亦为公忧之，然闻公每言才亲生产作业便俗了人，果有此意否？古之人盖有名高天下，躬自锄菜如管幼安者；隐居高尚，灌畦粥蔬如陶靖节者。使颜子不治郭内郭外之田，则饘粥丝麻将何以给？又如生知将圣，犹且会计升斗，看视牛羊，亦可以为俗士乎！岂可专守方册，口谈仁义，然后谓之清高之人哉！正孺当以古人实事自律，不可作世俗虚华之见也。"这里五峰说的"自律"就是克己，是具体的工夫，尚不含"复礼"之义，由此也可见孔子兼说"克己""复礼"的圆满。但若说"自律"工夫，固然为今人所易懂，但必进一步说"自律于天理"，方可与孟子"必有事焉"工夫对应起来。这是五峰说"当以古人实事自律"中"实事"二字的关键处。

如前所述，五峰的学问，重要特色有二，一者他天资敏捷，高迈透彻，是由内向外透的路径，从他诗中就可看出："此心妙无方，比道大无配。妙处果在我，不用袭前辈。得之眉睫间，真与天地对。混然员且成，万古不破碎。"（《示二子》）但他也能纠偏："苦参道难学，放肆事容易。入脚不可深，骎骎成自弃。（其一）天道方愈怒，在人宜敬身。望于经史内，严自作工程。（其二）岁月叹逾迈，入门事业难。战兢曾子意，岂可遂阑珊？（其三）"（《绝句五首》选三）故而他与天资相近的张南轩气息投合，一见之后互为倾心。"南轩受教于五峰之日浅，然自一闻五峰之说，即默体实践，孜孜勿释，又其天资明敏，其所见解，初不历阶级而得之，五峰之门得南轩而有耀，从游南轩者甚众，乃无一人得其传，故道之明晦，不在人之众寡尔。"（《宋元学案》卷五十《南轩学案》）由内向外透，固然高明，所谓"大端发露"，但若不能时时以踏实工夫弥补，便难免走偏。稍后朱子便经常批评五峰乃至湖湘学者"辞意多急迫，少宽裕""善思，然其思过处亦有之"，这都是智者之病。黄梨洲说跟南轩学习的人很多，但无一人得其传，这在陆象山和王阳明这里，也有所体现，延至近世以来，亦屡见不鲜。然而五峰在临终时特别告诫门人彪德美"圣门工夫，要处只在个敬"，并批评前辈"游定夫所以卒为程门之罪人者，以其不仁不敬故也"，便极见其天性慧颖，极力弥补。

二者五峰之学脱胎自伊川之学和文定之学，礼、乐、刑、政，无一偏废，格外重视经世致用，这在《知言》和《五峰集》中都能深刻感受到。如他在《致张敬夫》中说："学圣人之道，得其体，必得其用。有体而无用，与异端何辨？井田、封建、学校、军制，皆圣人竭心思致用之大者也。"在本书中，随文择要对《知言》这方面的章节做了一些疏通讲解，祈请读者能于五峰之学乃至儒家根本学问有所会意焉。横渠先生及许多大儒都讨论过儒家的一个重大课题井田制和封建制，五峰也格外留心，且言辞果决。这关系到儒家的历史观和历史叙事系统，本来在近代以前没有大问题，但晚清以来尤其是新文化运动之后，新的学科体系建立，这个问题便从来没有被认真正视过。这里拟借《知言》的有关章节略做讨论。

儒家历史观和历史叙事系统的首要经典，自然是《尚书》，《尚书》历叙尧舜禹汤、文武周公之道，礼、乐、刑、政，无一不备，正是儒家最高理想的王者之德和王者之迹。《尚书》文武周公以前的前半部，于穆缉熙，皆为王者气象。后半部简要叙述了成王、康王以及数位辅弼的言行，末篇记录了周室东迁第一个天子周平王对匡扶重臣晋文侯的话和鲁国第一位国君伯禽的誓辞，最终以秦穆公伐郑失败后的"自悔己过，誓戒群臣"之辞结尾，已是王道衰微迹象。王道衰，《诗经》作，接下来的历史叙事是《诗经》的国风部分，最前面的两部正风周南、召南共二十五首，延续记述的仍是王者之迹，之后的诸国变风包括洛邑的王风，尚未至礼崩乐坏的地步，孔子细加删除编选，以兴、观、群、怨这四种读法，仍能体验到尚存的王道，"哀而不伤，乐而不淫"。但秦穆公之事《黄鸟》之后，王道荡然无存，王者之迹熄灭，《诗经》亦随之而亡，接下来便是第三部历史叙事经典《春秋》。《春秋》大义前已简略讨论过。孔子在《系辞下》以"古者包牺氏之王天下也"开头的第二章里，追述的是尧舜禹汤之前伏羲、神农、黄帝这三皇的历史，那是圣王接通天地之道和人道的草创时期，将儒家的历史叙事向前补充完整。而《孟子》一书的末尾再次叙述了王道之统的传承，并加入了明确的天理和天象这个向度。且这一点被司马迁所继承："先人有言：'自周公卒五百岁而有孔子。孔子卒后至于今五百岁，有能绍明世，正易传，继春秋，本诗书礼乐之际？'意在斯乎！意在斯乎！小子何敢让焉！"（《太史公自序》）先王时期在时间维度跨越悠远，历史发展越至后世，时间的进程便越发规律有节，至此儒家历史叙事中的空间因素和时间因素皆已具备。从这个角度去读邵康节《皇极经世》和胡五峰《皇王大纪》二书在历史叙事方面的魄力和学问，从宏观到微观，便能稍有会心。

孟子讨论过一件史事，可以用来切磋一下儒家的历史叙事体系。武王伐纣，是中国历史上一件具有决定性意义的重大史事，他借助数代积累，和众多辅弼一起建立了八百年周王朝，成为此后历代王朝的典范。尽管武王所作的音乐《武》被孔子评为"尽美矣，未尽善也"，但此事仍然是"天地革而四时成"之天道在世间的践履，所谓"汤武革命，顺乎天而应乎人"。《尚书》中有数篇讲述武王伐纣的前因后果，关于具体的战事，《武成》篇记："甲子昧爽，受（即纣王）率其旅若林，会于牧野。罔有敌于我师（即周师），前徒倒戈，攻于后以北，血流漂杵。一戎衣，天下大定。"然而孟子云："尽信《书》，则不如无《书》。吾于《武成》，取二三策而已矣。仁人无敌于天下，以至仁伐至不仁，而何其血之流杵也？"（《尽心下》）司马迁因此于《史记》卷四《周本纪》唯记："武王驰之，纣兵皆崩畔纣。"后世应当如何看待此事？东汉注释《孟子》的赵岐只是说："孟子言武王以至仁伐至不仁，殷人箪食壶浆而迎其师，何乃至于血流漂杵乎？故吾取《武成》两三简策可用者耳，其过辞则不取之也。"他又列举并批评了《尚书》中的另外三个事例"人不能闻天，天不能问于民，万年永保，皆不可得为书，岂可案文而皆信之哉"，来勉强说明"经有所美，言争或过"之意。反而是题名为南宋孙奭作的《孟子疏》说："文之有美过实，圣人不改，录其意也。"张南轩一方面承认读书之法"尽信之有害，如'血流漂杵'之言是也"，一方面"详味当时，《武成》之所记，特以形容纣有如林之众，离心离德，前徒倒戈，自攻其后，而有漂杵之势，用以见周之无敌，然而'漂杵'之言，则不无过矣。学者读书，要当默会其理，若执辞以害意，则失之远矣"（《孟子说》卷第七）。而朱子在反复修订的《孟子集注》中也持相似之意："孟子言此，则其不可信者。然《书》本意，乃谓商人自相杀，非谓武王杀之也。孟子之设是言，惧后世之惑，且长不仁之心耳。"（卷十四）

　　清儒以来，人们喜奢谈客观不可更移的历史事实，尤以五四以来特强求此意，对于各种宗教中的历史叙事比如丰富的禅宗史《五灯会元》以及《圣经》讲述的人类史，甚至儒家讲的道统历史乃至中国史，多不屑一顾。因此，尽管有着"对其本国已往历史之温情与敬意"的钱穆名著《国史大纲》在非历史专业的读者中极受欢迎，而在所谓史学界以及不明就里的拾人牙慧者那里一向被冷落。与此形成鲜明对比的，《三国志·魏志·王肃传》裴松之注引《魏略》曰："（鱼）豢又尝从问《左氏传》，（槐）禧答曰：欲知幽微莫若《易》，人伦之纪莫若《礼》，多识山川草木之名莫若《诗》，《左氏》直相斫书耳，不足精意也。"被称为新史学开山的梁启超因此引申说："昔人谓《左传》为相斫书，岂惟《左传》，若《二十四史》真可谓地球上空前绝后之一大相斫书也！"（《中国史学萃·中国史界革命案》）还有鲁迅小说《狂人日记》中那位"狂人"说："我翻开历史一查，这历史没有年代，歪歪斜斜的每叶上都写着'仁义道德'几个字。我横竖睡不着，仔细看了半夜，才从字缝里看出字来，满本都写着两个字是'吃人'！"此类言论，无论其立说背景如何，百年来却为无数人津津乐道，以为那是看清了国史实相的卓识。这当然是个巨大的课题，这里无法全面展开讨论，姑待他日。

　　最早追随阳明的"王门颜回"徐爱（字曰仁，1487—1517）

和阳明曾经详细讨论过儒家历史的叙事问题,今存于《传习录上》,极为重要,值得每一位有志于体察这一重大问题的后学细读。儒家学问是圣人之学,志向在于恢复政治清明、民风淳朴、上下和睦的王道世界,历代圣贤相继著述,不过是希望世人明晓天地健朗大道,并以此修习身心,成为一个生生不息的人而已,这就是"仁"。然而因各种缘故,人欲肆虐,物欲横流,各种人心和世事的纷争不断,并因此改移天地和气而招致天灾人祸。历代圣贤挺生世间的天命,无非如孟子所说:"思天下之民,匹夫匹妇有不与被尧、舜之泽者,若己推而内之沟中,其自任以天下之重也。"(《万章上》)横渠先生说:"凡天下疲癃、残疾、惸独、鳏寡,皆吾兄弟之颠连而无告者也。"(《西铭》)阳明也痛快淋漓地说过:"是以每念斯民之陷溺,则为戚然痛心,忘其身之不肖,而思以此救之,亦不自知其量者。天下之人见其若是,遂相与非笑而诋斥之,以为是病狂丧心之人耳。呜呼!是奚足恤哉?吾方疾痛之切体,而暇计人之非笑乎!人固有见其父子兄弟之坠溺于深渊者,呼号匍匐,裸跣颠顿,扳悬崖壁而下拯之。"(《传习录中·答聂文蔚》)这才是儒家之实学,是践履之学,视听言动皆为此,著述也不例外,六经也不过是为了存天理遏人欲而已,宁有其他?因此,面对纷繁复杂的各种史料和史事,圣贤整理古书乃至述作时,就需要删繁就简,一切以明道为要,即唐韩、柳开始明确提倡的"文以贯道""文以明道",至周濂溪特别阐明的"文所以载道也"(《通书·文辞第二十九》)。阳明故而专门提出撰述历史的"孔门家法",即儒家的历史叙事宗旨:"如书'弑君',即弑君便是罪。何必更问其弑君之详?征伐当自天子出,书'伐国',即伐国便是罪,何必更问其伐国之详？圣人述《六经》，只是要正人心。"古希腊柏拉图（前427—前347）在《理想国》（郭斌和、张竹明译本）卷二中也曾反复讨论过相似的意思："假使有人说，神虽然本身是善的，可是却产生了恶。对于这种谎言，必须迎头痛击。假使这个城邦要统治得好的话，更不应该让任何人，不论他是老是少，听到这种故事（不论故事是有韵的还是没有韵的）。讲这种话是渎神的，对我们有害的，并且理论上是自相矛盾的。"无论是历史叙事的内容，还是叙述方式、与之配套的诗歌、音乐、音调、节奏、体育训练等等，都应该前后一贯，内外一致。

孟子并非不信《武成》记载"血流漂杵"之事，真儒也并非不去考察辨析古史脉络及细节，而是对于怪力乱神之史事，"惧后世之惑，且长不仁之心"，因此对于各种史料必须"笔则笔，削则削"（《史记·孔子世家》），阳明讲："所谓笔者，笔其旧；所谓削者，削其繁，是有减无增。孔子述《六经》，惧繁文之乱天下，惟简之而不得，使天下务去其文以求其实。"后人读经读史，需要"默会其理"，方能文从理顺。历史叙事的目的在于讲明天理，简化文辞，熏染人心，不在于面面俱到，事无巨细，无一遗漏。后世之人恰恰相反，所谓"穷尽式"研究，所谓"一物不知，儒者之耻"等等，正是当初明道先生批评谢上蔡的"玩物丧志"。

绍兴十一年辛酉（1141），三十七岁的五峰完成洋洋八十卷近百万字的经史巨著《皇王大纪》，上起于盘古氏，下迄于八百年周朝的最后一位天子赧王末年即五十九年乙巳（前256），这一年周赧王被俘入秦，尽献其邑并于归周后崩逝，周朝结束，前后共二千又三十年，"天运之盛衰一周，人事之治乱备矣，万世不能易其道者也"。前二卷帝尧以前皆粗存名号事迹，帝尧以后始用邵康节《皇极经世》编年，博采经传，而附以论断。即便是叙述邃古之初，也能做到无征不信。这是一部至今都未引起重视的典范之作，与"西洛先觉"邵康节的《皇极经世》宗旨亦不同，而极见儒者融合经史、贯通天理的儒家历史叙事大旨，后来亦为朱子《通鉴纲目》所借鉴。《皇王大纪》更是和胡文定《春秋传》、张南轩《经世编年》一起构建了湖湘之学在经史方面的学问系统，是湖湘学最为重要的特色之一。而张南轩在此宗旨下所撰《诸葛忠武侯传》寄托深远，脍炙人口。五峰在《皇王大纪序》中交代了此书的原委和历史叙事之义："我先人上稽天运，下察人事，述孔子，承先圣之志，作《春秋传》，为大君开为仁之方，深切著明，配天无极者也。愚承先人之业，辄不自量，研精理典，泛观史传，致大荒于两离，齐万古于一息，根源开辟之微茫，究竟乱亡之征验。事有近似古先而实怪诞鄙悖者，则裁之削之；事有近似后世而不害于道义者，咸会而著之；庶几皇帝王伯之事可以本始百世诸史乎！"这篇不足千言的序言，是太史公"究天人之际，通古今之变"（《报任少卿书》）最为通透的说明，将太史公的汉儒之学转为天理之学，是贯通天地人三才的醇儒之史学，其中显现的天理人道之一贯、史事取舍裁断之魄力，都非器拘于史学的一般史家所能比拟。

尤其需要阐明的，是他在序中专门讲述儒家体系下的经史关系："史之有经，犹身之支体有脉络也。《易》《诗》《书》《春秋》，所谓经也。经之有史，犹身之脉络有支体也。支体具，脉络存，孰能得其生乎？夫生之者人也，人仁则生矣，生则天地交泰，乾坤正，礼乐作，而万物俱生矣。"四百年后阳明先生答徐曰仁时曾说："以事言谓之史，以道言谓之经。事即道，道即事。《春秋》亦经，《五经》亦史。《易》是庖羲氏之史，《书》是尧、舜以下史，《礼》《乐》是三代史：其事同，其道同，安有所谓异？"经史二者体用一源，始终通贯，二位大儒心同理同，体道之意，见道之言，互为呼应。儒者读史，若不由此宗旨出入，不可谓圣人之史学。

五峰在《皇王大纪》中将人类始祖从盘古开始讲，写法极为独特，只讲开辟大义，全无具体史事，史法壁立千仞，实非后世奢谈言必有据之史家所能梦见。他在卷一中专门讨论过儒家历史叙事如何处理邈远古史之义："刘道原博极群书，以为古无三皇五帝、三王五伯之数，其辨甚悉。愚以为如是称而逆理害义，虽人谓之圣贤之经，犹当改也。苟于理义无伤害，虽庸愚之说犹可从也。皇帝王伯虽经不称其数，而杂见于前修之文，非有逆理害义之事也，奈何必欲去之乎。皇者初冒天下者也，帝者主宰天下者也，王者天下归往者也。自燧人氏而上，则三皇之世也，包牺、神农、黄帝、尧、舜是五君，有先天地开辟之仁，后天地制作之义，人至于今受其赐。故孔子曰：'包牺氏没，神农氏作；神农氏没，黄帝、尧、舜氏作。'"刘道原即北宋史学名家刘恕（1032—1078），是司马温公修撰《资治通鉴》"实系全局副手"（全谢山《通鉴分修诸人考》），他博闻强记，自《史记》以下诸史，旁及私记杂说，无所不览，是实证史学的学问路径。若以群书去考证三皇五帝存在的证据，自然是不可能，可"先天地开辟之仁，后天地制作之义"必由先王，接通天人，后世称之为三皇五帝有何不可？一个人若按谱系追溯祖先，或仅数代有确据，可他在数千年前三王时代的嫡亲血胤难道便不存在？近两年有考古名家到处扬言夏朝前期历史因无考古实据，或不存在云云，其武断且愚陋可知。

又据《史记·周本纪》，有邰氏女姜嫄，是帝喾高辛氏的元妃，她踩践了上帝如巨人一般的脚印后，怀孕生下后稷。后稷是帝喾之子，周朝的始祖。《诗经·大雅·生民》的开端说："厥初生民，时维姜嫄。生民如何，克禋克祀，以弗无子。履帝武敏歆，攸介攸止，载震载夙，载生载育，时维后稷。"《鲁颂·閟宫》说："赫赫姜嫄，其德不回，上帝是依。"《史记》采信《诗经》的历史叙事，本是经史一体的卓识，却引起后世尤其是近世史家的批评和否定。五峰专门论述此事说："天地之间，有气化，有形化。人之生虽以形相禅，固天地之精也。姜嫄'克禋克祀，以弗无子'，志之所至，气亦至焉，气之所至，精亦至焉，故履帝喾之武而敏歆，于是有子，不可谓怪。而诸儒不识，陋可知也。至于谶纬之书，谓庆都（即帝喾的三妃）感赤龙之精而生尧，简狄（即帝喾的次妃）吞玄鸟之卵而生契，则诬矣。何者？人也乃与繁气交而生人，则无是理矣，是以载其事而削其词焉。西汉薄太后有苍龙据腹之祥而生文帝，若非史氏记之详明，则后世必谓薄与龙交而生子矣。是故儒者莫要于穷理，理明然后物格而知至，知至然后意诚而心不乱。"（卷二）五峰据周濂溪《太极图》解决的"人从哪里来"之说，再揆诸世情，将帝喾合诸《閟宫》中的"上帝"，又以孟子"志壹则动气，气壹则动志也"之义，论述了这一问题，理顺辞从，正是儒家历史叙事的纯正路径。

五

儒家历史叙事大义既如上述，五峰在为自己编选的《程子雅言》前后二序、《通书》序、《正蒙》序中，叙述道统，当是朱子建立完整道统的先声，亦当从儒者历史叙事体系中去看。而如前所揭，这里想重点讨论的，是五峰在《知言》中多次论述的井田制和封建制问题，亦当由此去理解。封建制确曾行于两周及以前，没有疑问，问题在于后世能否及是否应当恢复。至于井田制，是否曾经存在过，向来有疑问，而能否实施则是第二步的问题。

  简单来讲，封建制和宗法制密不可分，实为一体，"封建"一词，最早见于春秋时富辰之说："周公吊二叔之不咸，固封建亲戚，以藩屏周。"（《春秋左氏传》僖公二十四年）"封建"即"封邦建国"，《尚书》《周礼》中皆有相关述说，天子直接管辖王畿，把以外的土地按层级分封给诸侯，并授予爵位，诸侯再分封卿大夫。周穆王将征犬戎，卿士祭公谋父的谏言中曾说："夫先王之制：邦内甸服，邦外侯服，侯、卫宾服，蛮、夷要服，戎、翟荒服。甸服者祭，侯服者祀，宾服者享，要服者贡，荒服者王。"（《国语·周语上》）诸侯和卿大夫在自己的领地上有相当的自主权，大者如军事权、外交权、经济权等皆可自主。井田制是一种土地公有制的经济形态。"井田"一词，最早见于《春秋穀梁传》宣公十五年："古者三百步为里，名曰井田""井田者，九百亩，公田居一。"井田就是方块田，把耕地划分为一定面积的方田，周围有经界，中间有水沟，阡陌纵横，像一个井字，一井分为九个方块，周围的八块田由八户耕种，谓之私田，私田收成全部归耕户所有；中间是公田，由八户共耕，收入归公。井田制里的赋税制度，至少分为助法和贡法，"助法处有公田，而行贡法处无公田也"（朱子《答张仁叔

（毅）》）。用今天的话简单来讲，公有经济用助法，以劳役为赋税，《诗·小雅·大田》"雨我公田，遂及我私"；私有经济用贡法，以实物为赋税。

近代以来胡适、郭沫若、胡厚宣、唐兰、范文澜、李学勤等学者都参与讨论过这些问题。关于封建制和井田制的具体细节，《孟子·滕文公上》有详尽描述，朱子在《答张仁叔》中谈及此问题时进一步说："此等亦难卒晓，须以《周礼》为本，而参取《孟子》、班固、何休诸说订之，庶几可见仿佛。然恐终亦不能有定论也，但不可不尽其异同耳。"（《朱文公集》卷第五十八）他指出了如何考察井田制的路径，今人尽管可以扩大范围参考一些金文、甲骨文、陶文等出土资料，能坐实一些细节，但传世文献方面大体如此，且《诗经》亦当为重要参考。朱子说"商人始为井田之制"（《孟子集注》卷五《滕文公章句上》），但许多细节已不可考，他只能根据上述文献路径在"滕文公问为国"这一章的基础上尽可能详细地做了较为全面的考察。儒家学问条理一贯，太极生阴阳，阴阳一太极，天理映出万事万物，万事万物蕴涵天理。封建制和井田制实际上相互贯通，是天下为公之王道精神落实到政治制度、经济制度、文化制度的统一体。胡五峰断言："井田、封建，施仁恩之大纲也。"（《与彪德美》）现从《知言》中摘出他激烈讨论封建制和井田制各两章，以见其精神和纲要：

论封建制之天人之际："天地根于和，日月星辰根于天，山川草木根于地，而人根于天地之间者也。有其根则常而静，安而久；常静安久，则理得其终，物遂其性。故封建者，政之有根者也，故上下辨，民志定，教化行，风俗美，理之易治，乱之难亡,扶之易兴,亡之难灭。郡县反是。"

论封建制之历史叙事:"黄帝、尧、舜安天下,非封建一事也,然封建其大法也;夏、禹、成汤安天下,亦非封建一事也,然封建其大法也;文王、武王安天下,亦非封建一事也,然封建其大法也;齐桓、晋文之不王,非一事也,然不能封建,其大失也。秦二世而亡,非一事也,然扫灭封建,其大缪也。故封建也者,帝王之所以顺天理、承天心、公天下之大端大本也;不封建也者,霸世暴主之所以纵人欲、悖天道、私一身之大孽大贼也。今人闻黄帝、尧、舜、禹、汤、文王、武王则尊之贵之,以为圣人;闻齐桓、晋文则訾之笑之,以为霸者;闻始皇、胡亥则鄙之贱之,以为小人之雄尔。及圣人所行则不从,而霸者暴人之所行则从之,历代不能改,是何也?弗思之甚也!"(以上见卷六)

论井田制之义:"制井田所以制国也,制侯国所以制王畿也。王畿安强,万国亲附,所以保卫中夏,禁御四夷也。先王建万国、亲诸侯,高城深池遍天下,四夷虽虎猛狼贪,安得肆其欲而逞其志乎?此先王为万世虑,御四夷之上策也。王公设险以守其国,孔子之所以书于习坎之彖也;城郭沟池以为固,孔子之所以答言偃之问也。自秦而降,郡县天下,中原世有夷狄之祸矣,悲夫!"(卷五)

论井田制之效:"井法行然后愚智可择,学无滥士,野无滥农,人才各得其所,而游手鲜矣。君临卿,卿临大夫,大夫临士,士临农与工商,所受有分,制多寡均,而无贫苦者矣。人皆受地,世世守之,无交易之侵谋也,无交易之侵谋则无争夺之讼狱,无争夺之讼狱则刑罚省而民安,刑罚省而民安则礼乐修而和气应矣。"(卷一)

历代真儒都极力主张恢复封建制和井田制，言论不胜枚举，但以乾嘉考据学为学术基础的《四库提要》就认为五峰"论治道以井田、封建为必不可废，泥古而流于迂谬"，至于今人则更不以为然。史家们最多只能从政治制度史、土地制度史、经济史等角度去看，视之为已往之"史"，历史陈迹而已，而不察那是"圣人与天地万物为一体"的王者之"事"，自有不可更移的大义所在。史家的历史叙事实为无源之水，为人之学；而天理之学的历史叙事是源头活水，为己之学。

衣冠南渡后不久，五峰作了一组政论《中兴业》，分别为易俗、官贤、练兵、定计、知人、罢监司、整师旅七个短篇，谈到了两宋之际发生的许多重大政治事件和军事事件，痛感朝廷积弱不振，提出了非常全面的改革措施。比如里面有一篇《少康中兴》，针对性和现实意义非常强烈，说他是在直接讨论当下时事亦无不可："人杀其父，子必欲死；人辱其君，臣必欲报。忍死谋报，能以天道为定命，不观敌势而改图，则庶几焉书。苟顾其私，内觊大利，外畏大难，虽有良心，日销月铄，其不忘君父者希矣。少康靡鬻，真人臣子哉！志在讨贼，行吾义而已，非图富贵者也。故受困厄而不渝，滨死亡而不怠，兢兢业业，经营四十年，然后克殄元凶，祀夏配天，不失旧物。呜呼！此真可谓中兴者矣。故唐虞世南论历代中兴之王，以少康为首。噫！前王之所爱，后主之师也，可不鉴哉！"

今天读这些议论，貌似悠邈，于今日有何意义？若视历史与我为二，则繁复陈迹毫无意义；若体悟得历史兴衰为祖先于天理之践履，为我心于天理知行之过往，更为今世之龟鉴，则数千年史事便皆有生意。另外，五峰等先儒们所提出的问题，即便在具体策略上，因素养、角度、位置等各有不同，但大体为彼时有识之士的共识，何故朝廷总无法实施？这恐怕也是很多后世读者的疑惑，其根本缘由便在于各自的历史叙事体系不同。诸葛亮千古名篇《出师表》中说："亲贤臣，远小人，此先汉所以兴隆也；亲小人，远贤臣，此后汉所以倾颓也。先帝在时，每与臣论此事，未尝不叹息痛恨于桓、灵也。"汉桓帝、灵帝有桓灵的现实和历史叙事，而痛恨者有痛恨者的现实和历史叙事。岁月长河流淌至于今日，时代改变，农业社会发展为工业社会和商业社会，在具体的各种制度方面当然有根本性的差异，但封建制反映的中央政府和地方政府权利和义务的相互关系，井田制反映的公有制经济和私有制经济的相互关系，国家制度设计又和其间的经济制度设计相互交织，这在古往今来都是极为重要的现实课题。朱子曾批评说："其他人皆谓得于己者不可施于人，学于古者不可行于今，所以浅陋。"并由此赞扬胡文定"得于己者可以施于人，学于古者可以行于今"的信念（《朱子语类》卷一百一）。往事固然不可追，但其义却能亘古不变。"学则三代共之，皆所以明人伦也，人伦明于上，小民亲于下。"这是"天不变道亦不变"的根本所在，礼、乐、刑、政皆由此出发而存在，政之属封建制和井田制亦然。"出入相友，守望相助，疾病相扶持，则百姓亲睦"，天下缉熙，民众安居乐业，人心稳定向善，这是人类社会存在的基本条件，更是共同信念。

六

《知言》在湖湘学者心中的地位非常高，甚而比肩《论语》。二程子打开儒家学问新的大门，每一位有志者都可以由此而入。《知言》亦是在新时代下，面对南宋初期依旧兴盛的王荆公之学，因应了动荡不安的天下局势。文定曾说程子之学是通向孔孟之学的必由门户，那么说《知言》是通向程子之学乃至四书的门户，亦不为过。吕东莱应当是在这个思路上，甚至认为《知言》胜过张子《正蒙》。五峰天资高迈，魄力大，言辞斩钉截铁，甚能启发学习者心志。人常讲师友切磋，方有进步，这种切磋有时候未必要谈学论道，在有道者身旁，听他一言半语，见他举动进止，即颇能自拔。"人但恐立志不坚确，树立不终久，自退步耳。若志意坚定，树立日丰厚久长，则所居即为胜地，亦何必依名山大川也！见处要有领会，不可泛滥，要极分明，不可模糊，直到穷神知化处，然后为是耳。道学衰微，风教大颓，吾徒当以死自担，力相规戒，庶几有立于圣门，不沦胥于污世也。"（《与谈子立书》）以身任道，以死自担，力相规戒，这样的言语非常能振奋人心，有志者当有此志向，但必须认清何谓道，如何去任道而行，才能认识到历史的必然性和偶然性，我如何渺然一身，微如草芥，却必须如此，而不能不如此，一如五峰的话自勉自励，并与同道者共勉共励。孔孟开出儒学大局面以后，很快秦汉兴起，儒门传道之学随之衰落。而千余年后程子再次开出新儒学，因应时代点出了天理精神，更因为有详尽具体的教法配合，历经千年不衰，晚近欧风美雨挟坚船利炮而来，才形成了另一番局面。程子之后四先生的传承，流衍开来，即便是到了朱子之集大成，亦无孔子和程子这样的转折性作用。且程子至朱子之间，儒家精神的承继也不易，百年间涌现的众多儒者，驳杂不纯者有之，为二氏牵去者有之，而胡门诸儒奋起湖湘，以圣人天理之学和春秋学为根基，几乎醇正不杂，是程朱两高峰之间的一组群峰。尤其是五峰在个性上大有父辈张九成（横浦，1092—1159）及后辈陆象山之风，或许有"气象急迫"（《朱子语类》卷第一百一）等病痛，然在儒家精神的传承上有结构性支撑作用，这才有后来张南轩和朱子的成熟纯粹，实为儒门学风立一范本。

"孟子以知诐淫邪遁为知言，胡子之书以是名者，所以辨异端之言与吾圣人异也。杨墨之害不熄，孔子之道不著，故《知言》一书于诸子百家之邪说，辞而辟之极其详焉，盖以继孟子也。学者诚能深味其指，则于吾道之正且大，异端之偏而小，若辨白黑，若数一二矣。"（《真西山文集》卷三十四《胡子知言稿》）虽说真正的儒者皆能严拒异端及外道，但这并非他故意而为，实是在研习过程中，渐渐体验到不如此辨析正道与异端间的毫厘之差，结果必定是千里之别，关系到自家学问能否有长进。象山先生尝问一学者："若事多放过，有宽大气象，若动辄别白，似若褊隘，不知孰是？"学者云："若不别白，则无长进处。"先生曰："然。"（《象山文集》卷三十四《语录上》）《知言》尽管极辟邪说，但更多的是对儒学义理醇正宏大的讲述。且五峰具有此德，"君子所性，仁义礼智根于心，其生色也睟然，见于面，盎于背，施于四体，四体不言而喻"（《尽心上》），因此原本根基不错的张南轩一见，便极有受益，五峰对南轩也大为赞赏："敬夫特访陋居，一见真如故交，言气契合，天下之英也，见其胸中甚正且大，日进不息，不可以浅局量也。河南之门，有人继起，幸甚幸甚！"（《与孙正孺书》）后来南轩谈到老师的《知言》时说："《知言》一书，乃其平日之所自著。其言约，其义精，诚道学之枢要，制治之蓍龟也。"而作为晚辈的朱子，也与五峰有着很深的因缘，得到过生命和学问上的滋养。

在五峰去世前一年的绍兴三十年庚辰（1160）冬天，朱子初次谒见李延平受学，他这时在学问工夫上还没有定见，实际上是并无得力处，他"初见李先生，说得无限道理。李先生云：'汝恁地悬空理会得许多，面前事却理会不得。道亦无元妙，只在日用间着实做工夫处理会，便自见得。'后来方晓得他说，故今日不至无理会耳"。他又向延平请教《周易程传》"体用一源，显微无间"之义，延平说："尹说固好，然须是看得六十四卦三百八十四爻都有下落，方始说得此语。若学者未曾仔细理会，便与他如此说，岂不误他！"朱子后来回忆说："某闻之悚然，始知前日空言无实，全不济事，自此读书益加详细云。"这年他隐居山间，在朝中做官的亲友希望他能出仕，朱子戏作两首诗回应："先生去上芸香阁（时籍溪先生除正字，赴馆供职），阁老新峨豸角冠（刘共父自秘书丞除察官）。留取幽人卧空谷，一川风月要人看。（一章）瓮牖前头列画屏，晚来相对静仪刑。浮云一任闲舒卷，万古青山只么青。（二章）"有人把这两首诗拿给胡五峰看，五峰对当时正在向自己求学的张南轩说："吾未识此人，然观此诗，知其庶几能有进矣，特其言有体而无用，故吾为是诗以箴警之，庶其闻之而有发也。"五峰特别作诗一首，希望这位后辈看到后能有所启发："幽人偏爱青山好，为是青山青不老。山中出云雨太虚，一洗尘埃山更好。"第二年五峰去世，四年后朱子首次见到南轩才听闻此事，"恨不及见胡子而卒请其目也"。五峰以见道之学问进境，只眼独具，自然能一眼看出朱子"留取幽人卧空谷，一川风月要人看""浮云一任闲舒卷，万古青山只么青"二联只是讲求高蹈的意境，却无法落实，实则为有体无用的空言,因此用"一洗尘埃山更好"来涤荡他。这是朱子学问的重要转折关头,他因此逐渐接受了五峰先察识、后涵养之论,而以延平默坐澄心、体认天理为不然。再后来孜孜以求,终能体悟到程子"涵养须用敬,进学在致知"的宗旨,涵养和致知兼顾,学问方"大定"。而这样的修习过程,对没有亲身体验过的人而言,几乎无法感触到其细微处,而对于三折肱的学习者而言,却惊心动魄,意义重大。

朱子学问大定以后,也看到了五峰《知言》中的一些瑕疵。他曾和挚友吕东莱、张南轩往复书信,细细讨论《知言》中的各种问题,最后编成《知言疑义》一卷,并多次跟人表达过《知言》中的八个重要问题:"性无善恶,心为已发,仁以用言,心以用尽,不事涵养,先务知识,气象迫狭,语论过高。"他甚至进一步批评说:"湖南一派,譬如灯火要明,只管挑,不添油,便明得也即不好,所以气局小,长汲汲然,张筋努脉。"朱子说湖湘诸子"不著心看文字,恃其明敏,都不虚心下意",从他在五峰身后《与湖南诸公论中和第一书》中可以反向看出湖湘诸儒确有好高骛远之病,但以此批评五峰则必不是。

五峰讨论本性问题,的确有较大误差,他说:"气之流行,性为之主;性之流行,心为之主。"又说:"心之惑,乃过也。"可既然性为气之主,心为性之主,则心为本体,岂能有迷惑?孟子说"志壹则动气,气壹则动志也。今夫蹶者趋者,是气也,而反动其心",气能动心,可见心为气之主,而并非性为气之主。孟子又说"尽其心者,知其性也。知其性,则知天矣",可见性是心之主,能知性便能知天理,则性即人心之至善。"吾心光明",即吾性光明。五峰的话显然有诸多错漏,这是他立言不谨处。而程子说的性气不二,则是从体用一源的角度而谈的。另外湖湘后学固守《知言》论性"不可以善恶辨,不可以是非分",朱子也曾反复辩驳其偏差,并详细叙述了这个说法的来处,从程门常总和杨龟山一直传继到胡文定和五峰、致堂兄弟的过程,主要见于《朱子语类》卷一百一,那既是以程子至湖湘一脉的道统史,亦可见诸儒传心过程中的精微,涓涓细流,源源不断,后学若能虚心体察,能使得自家学问渐入沉潜细致的地步。朱子《答宋深之》:"五峰之书,《知言》为精,然其间亦不能无小小可议处,其他往往又不能及,故向来敬夫不欲甚广其传。"(《朱文公集》卷第五十八)这是他对《知言》的一贯看法,但说南轩"不欲甚广其传",揆诸南轩平生言行,则未必然。

五峰的学问开阔弘大,是儒门纯正家法,又很有魄力。他说:"礼虽无明文,犹当以义起。"又说:"礼乐之仪章器数,须有本文为之记,可也;不可谓之经,以其是有司之事耳。若《礼》之理、乐之义,则存乎《易》《诗》《书》《春秋》之中矣,故通谓之六经。"(《与彪德美》)此言可与《礼记·乐记》的一句话合看:"乐者,非谓黄钟、大吕、弦歌、干扬也,乐之末节也,故童者舞之。铺筵席,陈尊俎,列笾豆,以升降为礼者,礼之末节也,故有司掌之。"曾子特别指出:"君子所贵乎道者三:动容貌,斯远暴慢矣;正颜色,斯近信矣;出辞气,斯远鄙倍矣。笾豆之事,则有司存。"(《泰伯篇》)动容貌、正颜色、出辞气,全身上下,从身形到神色再到言辞和语气,都需要发自诚敬,不断调整,对于君子来说这是极为珍贵的修习工夫。身貌的形态是礼,发源而出的诚敬是乐。后世章句之俗儒斤斤于"无征不信",若没有文献出处,丝毫不敢越雷池半步,甚至出现"宁道孔孟非,讳言服郑非"之荒谬,全然不知五峰"礼虽无明文,犹当以义起"的果决。五峰说礼乐具体的仪章器数必须有文本为证,但毕竟是礼乐之"末节",不能称之为"经",所谓"笾豆之事,则有司存",那是具体的政府部门管理实施的。今天我们在二十五史中保存的《礼志》《乐志》便可看出历代对于礼乐仪章器数的损益。但礼乐之大义,实蕴涵于并非专门礼经的另四部经中,需要后学细加研习和钩沉。五峰的话,显然是对《仪礼》《礼记》的重新思考和判断。现存《仪礼》和《礼记》中具体的礼仪和礼义并没有一一对应,历代聚讼,到了朱子晚年修《仪礼经传通解》才以见道之透彻,搜罗各种典籍中保存的有关资料,力图使得礼仪和礼义相互匹配,以成儒门礼学之全书。

七

此次因难得的机缘整理并讲解八百多年前大儒五峰先生胡子的《知言》,努力发覆这位至今仍不太被人注意的醇儒之大学问。在有限的时间内,又稍稍研习了一些李延平、胡文定、张南轩以及朱子诸儒的学问,受到了不少滋养,日月行迈,唯期不负光阴,不负先儒们的教导。因篇幅限制,只是选择了《知言》中一些儒家学问的重要课题,进行了当今时代下的疏通和讲解,而在这篇导读中,便不再面面俱到,仅讨论了因五峰的学问而触发出来的二三题目,是平时所思所想并研习所得。对于初学者而言,这些课题或为学习的进阶,唯有对整个体系各个方面纤毫不遗的切磋和裁断,才更能体察儒家学问由天理贯彻到世间万事的"吾道自足"。

书末附录了一些重要文献,其中尽量精要地选录了《五峰集》中的某些篇章，以能见五峰学问之全。"先生资质纯粹，根乎天性，讲贯精密，得之家传。于六经则沈潜反覆，取道之原，于百家则参考互订，必是之归。其涵养见于《知言》一书，而性命道德之微无不贯；其设施著于《皇王大纪》，而礼乐政刑之用无不该。议论慷慨，辉光宣著，千载之下，犹想见其风采。至于发言为诗，抒言为文，皆修齐治平之实也。"（元·许有壬《至正集》卷三十三《五峰文集后序》）《五峰集》中的书信部分全选，尤以五峰写给另外一个门人彪德美的数量最多，达二十三通，可见五峰于德美之教，既切要且尽心，德美亦能固守老师学问，继南轩之后任湖湘之学重镇岳麓书院山长，实为湖湘之学的中坚，用心用力不在南轩之下，且与朱子有往复辩论。

最后略谈一下《知言》的版本问题。南宋时《知言》已有刻本，据《直斋书录解题》《文献通考》及《郡斋读书志》著录"《胡子知言》一卷"，可知《知言》最早的本子不分卷。但宋刻本今已不见，惟《永乐大典》所载尚属宋椠原本。自元代以来，《知言》一书已不甚行于世。明弘治三年（1490），程敏政（1445—1499）始于吴中获得旧本，其后坊贾始有刊版。程刻本今已不见，而明嘉靖五年（1526）正心书院也有一个刊刻本（嘉靖本），但只有清道光三十年（1850）粤雅堂据程刻本重刊流传。检粤雅堂本可知程刻本已分卷，而且凡是在朱子、东莱、南轩论学的《知言疑义》中已经摘录的《知言》章节，在程刻本和粤雅堂本中皆不复出，而自为《知言疑义》一卷附录于书末。这种删节《知言》正文、割裂先儒著述文本原貌的做法极不可取。而四库全书本是四库馆臣从当时尚存的《永乐大典》中辑出，最为接近宋本原貌。且嘉靖本、粤雅堂本皆有标题，今细绎其标题,盖如《论语》篇名的体例,取所分篇章首句中核心概念如"修身"为标题,与《正蒙》今本体例相同,但这并非五峰本意,亦不必从。今又略加对比粤雅堂本"天命"一篇,发现除了删去出现于《知言疑义》中相关章节外,四库本有而粤雅堂本无者甚夥,且粤雅堂本含标点符号共二点五万字,而四库本不含标点符号共二点七万字,相差不小,不知何故。

今稍加比勘四库本和粤雅堂本,知粤雅堂本不佳者多,列举如下:

一、粤雅堂本"生刑轻则易犯,是故教民以无耻也",四库本"生刑轻则易犯,是教民以无耻也",去"故"字是,且与"死刑重则难悔,是绝民自新之路也"对应。

二、"自处以定,而万物之分不能止也",四库本"自处以定,而万物之纷不能止也",作"纷"是,作"分"则欠妥。

三、"油然乎物,各当其分而无为者,君子也",四库本"油然平物,各当其分而无为者,君子也","油然平物"出自《谦》"君子以裒多益寡,称物平施",粤雅堂本形近而误。

粤雅堂本亦有佳者,如"操爱人成物之心者,乂士也",四库本"操誉人成物之心者,乂士也",作"爱"字较佳。

如上所述,今次整理《知言》即以四库本为底本,略参考了中华书局"理学丛书"《胡宏集》中以粤雅堂本为底本的《知言》点校本,并吸取了《胡宏集》前言考察的版本流变过程,谨致谢忱。书中附录所选《五峰集》亦以四库本为底本。

二〇二一年十一月后学伊川张旭辉谨识。

知言

四库提要

臣等谨案《知言》六卷，附录一卷，宋胡宏撰。宏有《皇王大纪》，已著录。是编乃其论学之语，随笔札记，屡经改订而后成。吕祖谦尝以为胜于《正蒙》。然宏之学本其父安国，安国之学虽出于杨时，而又兼出于东林常总，总尝谓"本然之性，不与恶对言"，安国沿习其说，遂以本然者与善恶相对者，分成两性。宏作此书，亦仍守其家传。其所谓"性无善恶，心以成性""天理人欲同体异用，同行异情""指名其体曰性，指名其用曰心，性不能不动，动则心矣"云云，朱子力诋其非，至作《知言疑义》，与吕祖谦及宏门人张栻互相论辨，即栻亦不敢尽以其师说为然。其论治道以井田、封建为必不可废，亦泥古而流于迂谬。然其他实多明白正大，足以阐正学而辟异端，朱子亦尝称其思索精到处殊不可及，固未可以一二瑕疵尽废其书也。自元以来，其书不甚行于世，明程敏政始得旧本于吴中，后坊贾遂有刊板。然明人传刻古书，好意为窜乱，此本亦为妄人强立篇名，颠倒次序，字句舛谬，全失其真。惟《永乐大典》所载尚属宋椠原本，首尾完备，条理厘然。谨据其章目详加刊正，以复其旧，其《朱子语类》各条亦仍依原本别为《附录》一卷，系之于末，以备考证焉。乾隆四十六年九月恭校上。

总纂官臣纪昀、臣陆锡熊、臣孙士毅，总校官臣陆费墀。

原序

《知言》，五峰先生之所著也。先生讳宏，字仁仲，文定公之季子也。自幼志于大道，尝见杨中立先生于京师，又从侯师圣先生于荆门，而卒传文定公之学。优游南山之下余二十年，玩心神明，不舍昼夜，力行所知，亲切至到；析太极精微之蕴，穷皇王制作之端；综事物于一原，贯古今于一息；指人欲之偏，以见天理之全；即形而下者而发无声无臭之妙，使学者验端倪之不远，而造高深之无极，体用该备，可举而行。晚岁尝被召旨，不幸寝疾，不克造朝而卒。是书乃其平日之所著，其言约，其义精，诚道学之枢要，制治之蓍龟也。然先生之意，每自以为未足，逮其疾革，犹时有所更定，盖未及脱稿而已启手足矣。或问于栻曰："《论语》一书未尝指言性，而子思《中庸》独于其首章一言之，至于孟子始道性善，然其为说则已简矣。今先生是书于论性特详焉，无乃与圣贤之意异乎？"栻应之曰："无以异也。夫子虽未尝指言性，而子贡盖尝识之曰：'夫子之文章可得而闻也，夫子之言性与天道不可得而闻也。'是岂真不可得而闻哉？盖夫子之文章无非性与天道之流行也。至孟子之时，如杨朱、墨翟、告子之徒异说并兴，孟子惧学者之惑而莫知所止也，于是指示大本而极言之，盖有不得已焉耳矣。又况今之异端直自以为识心见性，其诐张雄诞，又非当时之比。故高明之士往往乐闻而喜趋之，一溺其间，则丧其本心，万事隳弛，毫厘之差，霄壤之谬，其祸盖有不可胜言者。先生于此，又乌得而忘言哉？故其言有曰'诚成天下之性，性立天下之有，情效天下之动'，而必继之曰'心妙性情之德'。又曰：'诚者，命之道乎？中者，性之道乎？仁者，心之道乎？'而必继之曰'惟仁者为能尽性至命'。夫学者诚能因其言而精察于视听言动之间，卓然知夫心之所以为妙，则性命之理盖可默识，而先生之意所以不异于古人者，亦可得而言矣。若乃不得其意而徒诵其言，不知求仁而坐谈性命，则几何其不流于异端之归乎！"栻顷获登门，道义之诲，浃洽于中，自惟不敏，有负夙知，辄序遗书，贻于同志，不韪之罪，所不得而辞焉。乾道四年三月丙寅门人张栻序。

卷一

"天命之谓性。"性，天下之大本也。尧、舜、禹、汤、文王、仲尼六君子先后相诏，必曰心而不曰性，何也？曰：心也者，知天地，宰万物，以成性者也。六君子尽心者也，故能立天下之大本，人至于今赖焉。不然，异端并作，物从其类而瓜分，孰能一之？

【讲解】孔子以前，诸圣讲"心"。"道心惟微，人心惟危，惟精惟一，允执厥中。"这是儒门诸圣贤递相传心的十六字心决。天道天理生生不息，却隐微难测，而世间人心险危，私欲横流，常常不可遏抑，甚至有些私欲极其隐秘，没有精细的自省能力，很难觉察。学习者的修习，正在于不断体悟天道的精粹和一贯，从容以中道自律，渐至于中和的生命状态。天道落实到世间，即天命之光明本性。人心宏阔无边，涵盖宇宙，而光明本性是人心之德性。学习者只有按照圣贤教导的具体学习方法，日积月累，盈科后进，方能渐渐将人心与天命之性合二为一，光明透出生命。这是儒家学习的根本理路和宗旨。人心能知晓天地之道，主宰万物之理，但如果说人心能成就光明本性，则有偏差。性是心之德，是天道落实于人心的纯粹至善。大人之学，在于推衍天道以至于人道，穷尽本心，达致本性，通晓天命，在世间成就自己。

静观万物之理，得吾心之悦也易；动处万物之分，得吾心之乐也难。是故智仁合一，然后君子之学成。

【讲解】静观万物之理，是明明德之事，不妨对应于智；动处万物之分，是新民之事，不妨对应于仁。但没有单纯的智，也没有单纯的仁，只有在动处万物之分时，静察到万物之理；也只有在静观万物之理时，方能动处万物之分。而不失其宜，且动中有静，静中有动，明明德和新民合二为一。唯有如此去学去习，是智者之事，是仁者之事，亦是勇者之事。仁智勇兼备，君子之学成，大人之学就。

观日月之盈虚，知阴阳之消息；观阴阳之消息，知圣人之进退。

财出于九赋，兵起于乡遂，士选于庠塾，政令行乎世臣，然后政行乎百姓，而仁覆天下矣。

【讲解】《周礼·天官·大宰》："以九赋敛财贿：一曰邦中之赋，二曰四郊之赋，三曰邦甸之赋，四曰家削之赋，五曰邦县之赋，六曰邦都之赋，七曰关市之赋，八曰山泽之赋，九曰币余之赋。"《孟子·梁惠王下》："孟子见齐宣王，曰：所谓故国者，非谓有乔木之谓也，有世臣之谓也。"朱子注："世臣，累世勋旧之臣，与国同休戚者也。亲臣，君所亲信之臣，与君同休戚者也。此言乔木世臣,皆故国所宜有。然所以为故国者,则在此而不在彼也。"《礼记·乐记》讲:"礼、乐、刑、政,四达而不悖,则王道备矣。"五峰在这里讲的财、兵、选士、政令,即《乐记》"王道备矣"四大要素之一的"政"。儒家理想既然要构建世间和谐秩序,如此在政治上设计和经营,全副精神,踏实无漏,没有超越世间的任何杂念。这才是"仁覆天下"。

生刑轻则易犯,是教民以无耻也;死刑重则难悔,是绝民自新之路也。死刑、生刑轻重不相悬,然后民知所避,而风化可兴矣。

【讲解】既然《乐记》讲"礼节民心,乐和民声,政以行之,刑以防之。礼、乐、刑、政,四达而不悖,则王道备矣",则刑法便是儒家在世间大作为的重要内容。《尚书》是三代王者治理天下的政治宝典,里面讲了许多王者以仁义施行刑法的记录。从煌煌二十五史中考察钩沉,也可以看出历代儒者按照儒家精神治理天下国家的行迹,从《史记》的《礼书》《乐书》开始,多数正史都有详明完备、适宜当世的刑法志。五峰在这一章讲的刑法轻重的关系,既出自王道精神,更是出于人情世故。因此孟子说:"乃若其情,则可以为善矣。"

自三代之道不行,君臣之义不明,君诱其臣以富贵,臣干其君以文行。夫君臣相与之际,万化之原也,既汨于利矣,末流其可禁乎？此三代之治所以不复也。

【讲解】君臣之义是人在世间最重要的五种伦理关系之一，但今人对古代的君臣之义往往有各种各样的误解。《周礼》上来就说："惟王建国，辨方正位，体国经野，设官分职，以为民极。乃立天官冢宰，使帅其属而掌邦治，以佐王均邦国。"东汉末大儒郑玄注释说："天者统理万物，天子立冢宰使掌邦治，亦所以总御庶官，使不失职。"唐朝贾公彦亦云："夫天育蒸民，无主则乱；立君治乱，事资贤辅。"儒家的最高理想是构建和谐的人间秩序，王者建国，统理天下，将天道和人道连接起来，使得亿万黎民各安其职，国家熙熙融融归于大治。而冢宰以及各类庶官的设置，目的在于帮助王者治理国家，君臣上下和衷共济，各行其礼，各司其职，如孔子所言"君使臣以礼，臣事君以忠"（《八佾篇》）。君君臣臣、父父子子，人间五伦各安其位，上下融洽。天行健之天地精神，运作于世间，上至天子，下至黎民，莫不遵循天理良知而行，天地人条理分明，秩序井然，人人自强不息，个个安居乐业，便是和谐美好的人世间。历代儒家所力图恢复的三代之治，即是如此。《论语·宪问篇》："子路问事君，子曰：'勿欺也，而犯之。'"《礼记·檀弓上》："事亲有隐而无犯，事君有犯而无隐。"孔子对齐景公讲"君君臣臣"，意思是君只有像君，臣才能像臣，孟子甚至说："君之视臣如手足，则臣视君如腹心；君之视臣如犬马，则臣视君如国人；君之视臣如土芥，则臣视君如寇仇。"(《离娄下》)"勿欺而犯之""有犯而无隐"，不欺骗，无隐瞒，宁愿冒犯君上而言事，这种精神正是"君臣之义"的核心内涵。

尧、舜、禹、汤、文王、仲尼之道，天地中和之至，非有取而后为之者也，是以周乎万物，通乎无穷，日用而不可离也。释氏乃为厌死生，苦病老，然后有取于心以自利耳，本既如是，求欲无弊，其可得乎？

爵位、仪章，德之饰也，有德则为等威，君子之所欲；无德则器物而已矣，君子贱焉。

阴阳之升降，邪正之内外，一也。是故仁者虽切切于世，而亦不求道之必行也。

寒暑之始终，天地之始终也。

【讲解】《系辞上》："天尊地卑，乾坤定矣。卑高以陈，贵贱位矣。动静有常，刚柔断矣。……日月运行，一寒一暑，乾道成男，坤道成女，乾知大始，坤作成物。"天地之道即乾坤之道，乾为纯阳，坤为纯阴，动中有静，静中有动，皆为圣人之事。每一卦有上下、内外，其中乾坤互为消息，阴升则阳降，阳升则阴降，一阴一阳此消彼长，阴中有阳，阳中有阴，宛如昼夜的推移交换，亦如春夏秋冬、寒冷暑热始终相续，轮替无迹，绵密悠长，富含生命力。天地的始终如此，天道精神如此，落实为人道，亦当自强不息。

拘于耳目闻见者，众人也；无典彝法度者，释氏也，安得其心该遍流通，与论性命之理而返之正哉！

一裘裳也，于冬之时举之以为轻，逮夏或举之则不胜其重；一绤绤也，于夏之时举之以为重，逮冬或举之则不胜其轻。夫衣非随时有异轻重也，情狃于寒暑而乱其心，非轻重之正也。世有缘情立义，自以为由正大之德而不之觉者，亦若是而已矣。孰能不狃于情，以正其心，定天下之公乎？

【讲解】一身之主为心，万物皆备于我心，黄梨洲（宗羲）在《明儒学案序》开头第一句就说："盈天地间皆心也。"心之本体为性，"性相近也，习相远也"（《阳货篇》），"天命之谓性"（《中庸》），光明本性，人人皆有。心之发用为意念，意念浮在心上，变化万端，而意念之坚定不移于天理者为志，意念之变幻不定者如喜怒哀乐者为情，七情六欲，纷繁复杂，无所不至，"夫物之不齐，物之情也"（《滕文公上》）。本性是绝对的存在，没有相对性。本性之外的意、情、欲等皆为气，有阴有阳，有善有恶，有公有私。其中"至大至刚，以直养而无害，则塞于天地之间"的气，即浩然之气，已是本体之天理。"志壹则动气，气壹则动志也。"（《公孙丑上》）变幻不定的气一旦凝聚，可以动摇心志，心志的坚定不移也可以收伏气。由仁义行，是志壹动气；行拂乱其所为，是气壹动志。本性如水，气息如浮沤，浮沤亦是水，只是飘忽不定，若能调适，终归于水。善学者可以从气中识得本性，明晓气息之善恶是良知；更可以从本性中调谐气息，为善去恶，即存天理、遏人欲，便是格物。格物是日日不可间断的功课，是每位有志者的日常工夫，是明白了"是什么"，懂得了"为什么"之后的"怎么做"。

见善有不明，则守之不固，或慑于威严而失之，或没于情恩而失之，或乱于精微而失之，或汩于末流而失之。伟哉！孟氏之子生世之大弊，承道之至衰，蕴经纶之大业；进退辞受，执极而不变，用极而不乱，屹然独立于横流，使天下后世晓然知强大威力之不可用；士所以立身，大夫所以立家，诸侯所以立国，天王所以保天下，必本诸仁义也。伟哉，孟氏之子！

义者权之行也，仁其审权者乎！

【讲解】"天行健"，春生、夏长、秋杀、冬藏，"天地之大德曰生"（《系辞下》），是天地之仁；"君子以自强不息"，"己欲立而立人，己欲达而达人"，是世间之仁。仁涵于身心，以此去处理世间万事，便是义，唯有由仁行出来的义才可以适宜于当下时空。"子曰：可与共学，未可与适道；可与适道，未可与立；可与立，未可与权。"（《子罕篇》）权，是秤锤的意思，可以根据所称的物体的重量，在秤杆上左右移动来衡量万物，既有统一标准的节制，又可以根据对象的情况而自由地调整变化，称为权变，引申为儒者权衡所处不同时间（时）和空间（势），在世间做出适宜的出处进退。因此五峰说，义是权变出的适宜之行，而权变之舆衡则是身心所蕴涵之仁。

道充乎身，塞乎天地，而拘于躯者不见其大，存乎饮食男女之事而溺于流者不知其精。诸子百家亿之以意，饰之以辩，传闻袭见，蒙心之官，命之理、性之道，置之茫昧则已矣。悲夫！此邪说暴行所以盛行，而不为其所惑者鲜也。然则奈何？曰：在修吾身。

【讲解】唯有修身可以破除偏见迷行，唯有修身可以"明于庶物，察于人伦，由仁义行"，从日常众事中透出天理。而修身的方法，《大学》讲得深切著明，值得每一位学习者细细研读和揣摩。

时之古今，道之古今也。
道者，体、用之总名，仁其体，义其用，合体与用，斯为道矣。"大道废焉，有仁义"，老聃氏非知道者也。

【讲解】老子句，出《道德经》十八章，属《道经》。"天不变道亦不变"，仁义体用一源，合称为道，生生不息，亘古不变。圣人仰观天文，俯察地理，体验出天道如此。而同样是这个天地自然，老子却体会出"天地不仁"，名为《道经》，却根本不懂道。

义有定体，仁无定用。
道无不可行之时，时无不可成之事。时无穷，事万变，唯仁者为能处之不失其道而有成功。权数智术用而或中则成，不中则败，其成败系人之能否，而权度纵释不在我者也，岂不殆哉！
天命不已，故人生无穷，具耳目鼻口手足而成身，合父子、君臣、夫妇、长幼、朋友而成世,非有假于外而强成之也,是性然矣。圣人明于大伦,理于万物,畅于四肢,达于天地,一以贯之;性外无物,物外无性,是故成己成物,无可无不可焉。释氏绝物遁世,栖身冲漠,窥见天机有不器于物者,遂以此自大,谓万物皆我心,物不觉悟而我觉悟,谓我独高于万物。于是颠倒作用,莫知所止,反为有适有莫,不得道义之全,名为识心见性,洞然四达,而实不能一贯,展转淫遁,莫可致诘。世之君子信其幻语而惑之,孰若即吾身世而察之乎!

先道而后言,故无不信之言;先义而后行,故无不果之行。

阴阳成象而天道著矣,刚柔成质而地道著矣,仁义成德而人道著矣。

【讲解】《说卦》:"昔者圣人之作《易》也,将以顺性命之理。是以立天之道曰阴与阳,立地之道曰柔与刚,立人之道曰仁与义。"天道健朗,云行雨施,以阴阳普施万物,阴阳一动一静生出具体的形象,天道因此而明朗。地道厚德载物,含弘光大,成就万物的刚柔,地道亦因此而显明。天地之道与日月同流,落实到人道,即仁义礼智信,发用为温良恭俭让,人道亦因此德性而焕然彰显。

万物生于天,万事宰于心。性,天命也;命,人心也,而气经纬乎其间。万变著见而不可掩,莫或使之,非鬼神而何?

天理、人欲同体而异用,同行而异情,进修君子宜深别焉。

【讲解】这一章曾被朱子反复批评。天理为性体,譬如水;人欲为气息,譬如浮沤。浮沤是水的杂用,倏忽来去,但不可说它不是水。程子专门讲体用一源,性气一体。气息若不能守正,便为私意。人欲一行,就会夹杂各种情绪,但是必有天理蕴涵其中,只是世人不能察觉,甚至认糟粕为精华,日渐陷入小人境地而不自知。子贡曰:"文武之道,未坠于地,在人。贤者识其大者,不贤者识其小者。"(《子张篇》)孟子曰:"从其大体为大人,从其小体为小人。"(《告子上》)有志于儒门研习的君子,必当深明辨析大人、小人之别,天理、私欲之差,仅在于一线之间,当按照圣贤教导的学习方法,踏实而行,渐渐培护出自己的浩然之气。后来五峰门人张南轩在《潭州重修岳麓书院记》中引用了老师这句话:"天理、人欲同行异情,毫厘之差,霄壤之缪,此所以求仁之难,必贵于学以明之与?"

法制者,道德之显尔;道德者,法制之隐尔。天地之心,生生不穷者也,必有春秋冬夏之节、风雨霜露之变,然后生物之功遂。有道德结于民心而无法制者,为无用,无用者亡(刘虞之类);有法制絷于民身而无道德者,为无体,无体者灭(暴秦之类)。是故法立制定,苟非其人亦不可行也。

【讲解】道德仁义,是本体,是隐在法律和制度后面的哲学根基;法律和制度,是发用,是显露于道德仁义之外的具体条目。一个国家和民族,其法律、制度和政治的制订和实施,都有着深厚的哲学基础。唯有深入明晓了其哲学基础,才能对外显的法律、制度和政治有着通透的认知。

所谓顶层设计，也是这个思路，而机会主义绝不可取。《诗经·小雅·白驹》："皎皎白驹，食我场苗。絷之维之，以永今朝。"毛传："絷，绊；维，系也。"刘虞字伯安，是东汉末宗室，温厚仁慈，天性节俭，威望很高，拜幽州刺史，授大司马，进封襄贲侯，但关键时刻缺乏裁断和果决，后被部下公孙瓒所杀。

学进则所能日益，德进则所能日损。不已而天，则所能亡矣。

【讲解】知识性学问的进步和身心道德的进步，是完全不同的两种学习，前者看似才能越多，而在身心体验上会越来越疲惫。

事成则极，极则变；物盈则倾，倾则革。圣人裁成其道，辅相其宜，百姓于变而不知，此尧舜之所以为圣也。

【讲解】周濂溪在《太极图说》中讲："太极动而生阳，动极而静；静而生阴，静极复动。一动一静，互为其根；分阴分阳，两仪立焉。"阴阳、动静，融合无间，互为变化，此消彼长，这是华夏文明的整体观和浑融观。《革》卦象辞："革而当，其悔乃亡。"变革固然有危险，但只要顺应天地规律，实则恰当、适宜而无弊。《尚书·尧典》说："百姓昭明，协和万邦，黎民于变时雍。"孔传："言天下众民皆变化化上，是以风俗大和。"王者之政，圣贤之教，春风化雨，润物无声。

造车于室而可以通天下之险易，铸鉴于冶而可以定天下之妍丑，盖得其道而握其要也。治天下者何独不观乎此，反而求诸身乎？是故一正君心，而天下定矣。

　　一阴一阳之谓道，有一则有三，自三而无穷矣。老氏谓"一生二，二生三"，非知太极之蕴者也。

【讲解】天理从生成万物角度去讲，是太极。太极蕴涵阴阳二气，阴阳二气彼此消息，生成万事万物，而万事万物中又各自蕴涵太极。因此说一生二，二生万物，便很完备。五峰批评老子"二生三"为不知万物生成之道，虽然严厉，却甚是。

　　小道任术，先其得，后其义，智己而愚民者也。圣人由道而行，其施也博，其报也厚，其散也广，其聚也多，贪欲不生而天下通焉。

　　夫妇之道，人丑之者，以淫欲为事也；圣人安之者，以保合为义也。接而知有礼焉，交而知有道焉，惟敬者为能守而不失也。《语》曰"乐而不淫"，则得性命之正矣。谓之淫欲者，非陋庸人而何！

【讲解】《中庸》讲："君子之道，造端乎夫妇，及其至也，察乎天地。"天道落实为人道，连接点便是五伦，涵盖了人在世间最重要的五种社会关系，也是践履儒家精神的核心内容。一个人唯有以天理良知为规矩尺度，在人伦上处处磨炼，便是格物，才逐渐成为一个完满的人。孟子说："圣人，人伦之至也。"（《离娄上》）圣人君子能纯熟于人伦，言行举止都于人伦适宜，凡夫俗子只是在人伦上不够纯熟，需要日日用心，反复践行，才逐渐能进深于成人之道。这五种人伦关系的道理生来就有，只不过具体和我们发生联系的顺序有先后，而夫妇之道为其造端。人生来便有父子之亲、兄弟之序，逐渐有朋友之信，但人只有到了成年之际的夫妇之别，才开始面对整个世界。懂得男女之别，既有生理层面的分别，更有精神层面的差异。伊甸园中亚当和夏娃的精神世界里最早没有男女之别，"赤身露体，并不羞耻"（《创世纪》第二章），而自从"拿无花果树的叶子，为自己编作裙子"以后，不断品尝人生的种种况味，酸甜苦辣，人之道才算开始，开始有了内外之别，并作为独立于世的人，和伴侣一起面对整个世界。《诗经》开篇之作《关雎》讲的便是夫妇之道、男女之别，诗人仔细观察水鸟雎鸠的天性："生有定耦而不相乱，耦常并游而不相狎，故《毛传》以为挚而有别，《列女传》以为人未尝见其乘居而匹处者，盖其性然也。"（朱子《诗集传》卷一）体察到匹耦之间感情真挚而有分别，情欲和天理合一，有寤寐求之、辗转反侧之爱，却乐而不淫、哀而不伤；有琴瑟友之之亲，却不忘钟鼓乐之之敬。一切行之以礼，以礼始，以礼终，挚而有别，相敬如宾，是为天地运转不息之要义，亦是夫妇天长地久之道。圣人深通此理，因此郑重制订出详尽的婚礼，来辅助成就这件事。可惜百年来渐失此道，甚而至于本末倒置、昏昧难返。

变异见于天者，理极而通，数穷而更，势尽而反，气滋而息，兴者将废，成者将败。人君者，天命之主，所宜尽心也。德动于气，吉者成，凶者败；大者兴，小者废，天岂有心于彼此哉？谓之谴告者，人君睹是宜以自省也。若以天命为可恃，遇灾不惧，肆淫心而出暴政，未有不亡者也。

【讲解】天人感应的道理，今人已经很隔膜了。《咸》卦是感应之卦，象辞说："天地感而万物化生，圣人感人心而天下和平。观其所感，而天地万物之情可见矣！"感应是天地通透的大精神，落实到人之身心，"君子以虚受人"，人情世态、天理良知，莫不依靠感应而通畅，而感应必须虚心才能发生，不然必定扞格不通，这是世间产生各种矛盾和龃龉的根本原因。《礼记·乐记》云："礼也者，报也。"礼的根本是报，报，就是回报。人生天地间，和天地息息相通，和万事万物交通感应，有感必有应，这便是回报。"太上贵德，其次务施报。礼尚往来。往而不来，非礼也；来而不往，亦非礼也。"（《礼记·曲礼上》）万物有感，我却无应，是自绝于天地生机，是大无礼，招致的吉凶、成败、兴废，便是"谴告"。唯有自省自察，对万事万物作出有感有应的回报，才是天地万物生生之机，"天行健，君子以自强不息"才有可能落实。

释氏定其心而不理于事，故听其言如该通，征其行则颠沛。儒者理于事而心有止，故内不失成己，外不失成物，可以赞化育而与天地参也。

【讲解】该，通假字，通"赅"，完备，丰赡。

诚者，命之道乎？中者，性之道乎？仁者，心之道乎？唯仁者为能尽性至命。

自反则裕，责人则蔽，君子不临事而恕己，然后有自反之功。自反者，修身之本也，本得则用无不利。

【讲解】反诸己，是把放逸的内心收回来，虚其怀，遏其欲，将生命之光引返到自己身心，体察天地万物皆在我心，皆与我一体。这样生命就能越来越丰富，无论多少艰难困苦，利欲诱惑，都能从容面对，不动于心。

有毁人败物之心者，小人也；操誉人成物之心者，义士也；油然平物，各当其分，而无为者，君子也。

【讲解】其他版本改"誉"为"爱"，意思有较大区别，需平心体贴。《谦》卦象辞："君子以裒多益寡，称物平施。"《谦》卦艮下坤上，是地中有山之象，谦和冲淡，承载重任，消减赘余，以增益寡少，称量事物的大小多少，以平均施与，而不是予夺失衡，裁断失度。这样万事万物便能各当其分，即先儒讲的"物各付物"，良知所至，将各自的本性和特性归还万物本身，没有刻意的作为，则万事不劳于心，生命舒展和泰。

知人之道，验之于事，而观其词气，从人反躬者，鲜不为君子。任己盖非者，鲜不为小人。

释氏直曰吾见是性，故自处以静，而万物之动不能裁也；自处以定，而万物之纷不能止也，是亦天地一物之用耳。自道参天地、明并日月、功用配鬼神者观之，则释氏小之为丈夫矣，其言夸大，岂不犹坎井之蛙欤！

仁者，天地之心也。心不尽用，君子而不仁者有矣。

万物备而为人，一物有未体，非仁也。万民合而为君，有一民不归吾仁，非王也。

天命为性，人性为心。不行己之欲，不用己之智，而循天之理，所以求尽其心也。

【讲解】五峰常言"天地之心"，是天理之学。果仁是水果的核心，生机所在；仁者是天地的核心，生机所在。人如果不能在有生之年尽力穷尽天地所赋予的本有生机，不能在人伦世情上磨炼良知、遵循天理，逞私能，用私智，便是断绝生机，实为不仁。

修身以寡欲为要，行己以恭俭为先，自天子至于庶人一也。

道不能无物而自道，物不能无道而自物。道之有物，犹风之有动，水之有流也，夫孰能间之？故离物求道者，妄而已矣。

【讲解】天理人道不能单独存在，必须在万事万物上践履检验，方能彰显；在万事万物上磨炼，如果没有天理人道为规矩准绳，便是无源之水，朝三暮四，茫荡无归。

释氏之学，必欲出死生者，盖以身为己私也。天道有消息，故人理有始终，不私其身，以公于天下，四大和合无非至理，六尘缘影无非妙用，何事非真，何物非我？生生不穷，无断无灭，此道之固然，又岂人之所能为哉？夫欲以人为者，吾知其为邪矣。

道非仁不立。孝者，仁之基也；仁者，道之生也；义者，仁之质也。

未能无欲，欲不行焉之谓大勇；未能无惑，惑不苟解之谓大智；物不苟应，务尽其心之谓大仁。

人而不仁则道义息。

强暴感仁义而服者有矣，未闻以强暴服强暴而能有终者也。

孝莫大于宁亲，宁亲莫大于存神。神存天地之间，顺其命，勿灭绝之而已矣。死生者，身之常也；存亡者，国之常也；兴废者，天下之常也。绝灭者，非常之变也。圣人制四海之命，法天而不私己，尽制而不曲防，分天下之地以为万国，而与英才共焉，诚知兴废之无常，不可以私守之也。故农夫受田百亩，诸侯百里，天子千里；农夫食其力，诸侯报其功，天子享其德，此天下之分然，非后世擅天下者以大制小、以强制弱之谋也，诚尽制而已矣。是以虞、夏、商、周传祀长久，皆千余岁，论兴废，则均有焉；语绝灭，则至暴秦郡县天下，然后及也。自秦灭先王之制，海内荡然，无有根本之固，有今世王天下而继世无置锥之地者，有今年贵为天子而明年欲为匹夫不可得者，天王尚然，况其下者乎？是以等威不立，礼义难行，俗化衰薄，虽当兴废之常，而受绝灭之祸也，其为不孝孰大焉？悲夫！秦汉、魏晋、隋唐之君，真可谓居绝灭之中而不自知者也。是故《大易》垂训，必建万国而亲诸侯；《春秋》立法，兴灭国而继绝世。

物之生死，理也。理者，万物之贞也。生聚而可见则为有，死散而不可见则为无。夫可以有无见者，物之形也，物之理则未尝有无也。老氏乃以有无为生物之本，陋哉！天得地而后有万物，夫得妇而后有男女，君得臣而后有万化，此亦道之所以为至也。

井法行然后愚智可择，学无滥士，野无滥农，人才各得其所，而游手鲜矣。君临卿，卿临大夫，大夫临士，士临农与工商，所受有分，制多寡均，而无贫苦者矣。人皆受地，世世守之，无交易之侵谋也，无交易之侵谋则无争夺之讼狱，无争夺之讼狱则刑罚省而民安，刑罚省而民安则礼乐修而和气应矣。

守身以仁，以守身之道正其君者，大臣也。汉唐之盛，忠臣烈士攻其君之过，禁其君之欲，纠其政之缪，弹其人之佞而已。求其大正君心，引之志于仁者，则吾未之见也，惟董生其庶几乎！

【讲解】《中庸》开头就讲明了天地人三才之道："天命之谓性，率性之谓道，修道之谓教。"人的本性来自天命，率由天性并穷尽天性，以达到上天赋予的使命，即尽性致命，是人道；而依照具体有步骤、有工夫的方法修习，是教育，这包括自我教育和利他教育。这是一个完整的儒学三大纲领：天命、人道和教法。儒家道统的延续，必须要靠教育。《论语》开篇第一章"学而时习之"讲的即是教育。既然是教育，就需要有教育宗旨和教育方法两大要素。教育宗旨需要靠教法来落实，而教法需要以宗旨为目标和核心。西汉中期儒术独尊以后，不乏受儒家精神熏陶的忠臣烈士，然而由于具体教法的缺位，他们的忠义常常是禀性忠厚，只能"攻君之过，禁君之欲，纠政之缪，弹人之佞"。只有到了北宋建国百年之际的二程子挺生世间以后，才发挥出孔孟之道中的"诚敬"二字，高度概括儒门学问精髓，又作为修习工夫，即教育方法，教育宗旨和教法合二为一，相辅相成，孔孟之后儒家的大厦才算在新时代彻底建立。然后既能自立自达，又能立人达人，上可以正君之心，引君于仁，下可以博施于众，从朝廷到民间，人人莫不蒙受其利，学者研习，童叟熏染，以仁义礼智信、温良恭俭让为核心精神的儒家学问才能真正在神州大地扎根，融入民族的整体性格，成为整个家国的言行标准，礼乐之邦，文质彬彬，天道昭明，人道缉熙，是千年来华夏文明的血脉和灵魂。

道可述不可作，述之者天也，作之者人也。三王述之，五伯作之，其功德可考矣。

深于道者富，用物而不盈。卫公子荆善居室，孔子何取焉？以其心不婴于物，可以为法也。夫人生于世，用物以成其生耳，其久能几何？而世人驰骛不反也。

【讲解】《子路篇》："子谓卫公子荆善居室，始有，曰：'苟合矣。'少有，曰：'苟完矣。'富有，曰：'苟美矣。'"物欲横流，人心陷溺，人本来鼎立于世间，却为物欲所控制，所思所想都是自己的一亩三分地，且自得其乐，乐而忘返，形成大环境、大风气，习惯成自然，放弃了天地原本赋予的本性和责任，真是自暴自弃。

"维天之命，于穆不已。"圣人知天命存于身者渊源无穷，故施于民者溥博无尽，而事功不同也。知之则于一事功可以尽圣人之蕴，不知则一事功而已矣，不足以言圣人也。庄周乃曰圣人道之真以治身，其绪余、土苴以治天下、国家，岂其然乎？

【讲解】《诗经·周颂·维天之命》："维天之命，于穆不已。"东汉郑玄笺："命犹道也。天之道于乎美哉！动而不止，行而不已。"《庄子·让王》："故曰道之真以治身，其绪余以为国家，其土苴以治天下。由此观之，帝王之功，圣人之余事也，非所以完身养生也。"唐成玄英疏："夫用真道以持身者，必以国家为残余之事，将天下同于草土者也。"明陆西星《南华真经副墨》讲："此数语，庄子自为之词，常人亦说不出。道者，虚静恬淡，寂寞无为，其真也。故以其真治身，其绪余、土苴则皆有为之法，故圣人用之以治天下国家。帝王之功，圣人之余事，所谓'糠秕糟粕，陶铸尧舜'者。土苴，粪草也。"儒家精神在于世间，于穆不已的天道渊源无穷，赋予人的身心则生生不息，是用来在世间做事，乃至建功立业，"得志，泽加于民；不得志，修身身见于世。穷则独善其身，达则兼善天下。"（《尽心上》）即便是穷居于乡，也可以自修身心，并尽力扩展于周围亲友乃至乡邻，还自己和他人以生机。所谓"不得志，修身见于世""穷则独善其身"绝不是庄子讲的自己躲起来，用一个虚无缥缈的"道"来养身,甚至将治理国家视为糟粕、"有为之法",那是颠倒道理、自私自利。等而下者乃至以"道"来装饰自己,然后洋洋自得、顾盼自雄,沦落为小人而不自知。若没有自立自达然后立人达人的新民精神,"虚静恬淡,寂寞无为"根本是不存在的。

善为天下者务寝兵。兵,刑之大者耳。虽汉唐盛主,礼乐废缺,法令专行,是兵常兴而未尝息也。纪纲如是,而欲有三代之文章,其可得乎?

有情、无情,体同而用分。人以其耳目所学习,而不能超乎闻见之表,故昭体用以示之则惑矣,惑则茫然无所底止,而为释氏所引。以心为宗,心生万法,万法皆心,自灭天命,固为己私,小惑虽解,大碍方张,不穷理之过也。彼其夸大言词,颠倒运用,自谓至极矣。然以圣人视之,可谓欲仁而未至,有智而未及者也。夫生于戎夷,亦间世之英也,学之不正,遂为异端小道,惜哉!

【讲解】有情、无情,五峰这里用的当是佛学词语,简单来说,有情即有七情六欲的生命体,无情者反之。有情和无情皆为天地赋气而生,因此天地之本体相同,而赋气分阴阳,得其灵明者为人,其他皆为浊气合和而成,是天地精神的不同发用。伊川说:"论性,不论气,不备;论气,不论性,不明。二之则不是。"(《河南程氏遗书》卷第六)

圣人尚贤使民,知劝教不能,使民不争,明善恶之归,如日月之照白黑。然民犹有惑于欲而陷于恶，故孔子观上世之化，喟然而叹曰："甚哉！知之难也。"虽尧舜之民比屋可封，能使之由而已，亦不能使知之也。夫人目于五色，耳于五声，口于五味，其性固然，非外来也，圣人因其性而道之，由于至善，故民之化之也易。老子曰："不见可欲，使心不乱。"夫可欲者，天下之公欲也，而可蔽之使不见乎？天地之生生万物，圣人之生生万民，固其理也。老聃用其道、计其成，而以不争行之，是舞智尚术，求怙天下之权，以自私也，其去天事远矣。

【讲解】《老子》三章："不见可欲，使心不乱。"河上公章句："放郑声，远美人，不邪淫，不惑乱也。"纯阳真人释义："我无见，我就无欲，使我内顾之心无驰于外守，惟精惟一，只知有道，而不知有欲。"老子又讲："故常无欲，以观其妙；常有欲，以观其徼。此两者，同出而异名，同谓之玄。"河上公章句："人常能无欲，则可以观道之要，要谓一也。徼，归也。常有欲之人，可以观世俗之所归趣也。同出者，同出人心也。而异名者，所名各异也。名无欲者长存，名有欲者亡身也。玄，天也。言有欲之人与无欲之人，同受气于天也。"孟子云："可欲之谓善，有诸己之谓信。"（《尽心下》）程子说孟子此言"便与'元者善之长'同理"（《河南程氏遗书》卷第二上），又说："《乾》，圣人之分也，可欲之善属焉。《坤》，学者之分也，有诸己之信属焉。"（《遗书》卷第四）另外，五峰的门人张南轩《癸巳孟子说》卷七："可欲者，动之端也。盖人具天地之性，仁义礼智之所存，其发见则为恻隐、羞恶、辞逊、是非，所谓可欲也。以其渊源纯粹，故谓之善，盖于此无恶之可萌也。至于为不善者，是则知诱物化动于血气，有以使之而失其正，非其所可欲者矣。"人世间可欲之事无穷，如五峰所言，目于五色，耳于五声，口于五味，都是可欲之事。如《大学》所说"好好色，恶恶臭"，这是人生来的天性，是一个人诚其意的开端。喜好美好，厌恶丑恶，即五峰之言"其性固然，非外来也"，其实都是光明本性外发出来的情欲。伊川先生将可欲之善等同于《易经》四德第一德"元者善之长"，属于《乾》道，即至善的开端。南轩之言，人无论是起心动念，还是言行一出，都是可欲，若如恻隐之心、羞恶之心、辞逊之心、是非之心这四端，不假思索，瞬间发出，更是情欲中光明的部分，与本性皆为一体。善学者应当于自己起心动念处，时时检查其来处，体验意念发自那个"渊源纯粹"的至善。而情欲中的不善，则是此心为外物所诱导而成的物欲，然后知所警戒，诚其意，扫去浮沤，使得物欲背后的至善从生命底蕴中透出来，如此则能转不善为善，可谓"随处体认天理"（湛若水《上白沙先生》《答王宜学》）。老子不懂得这个道理，意图窒息可欲之事，使其断绝，以为如此才能使心不乱，看似高明，实则断灭了人性的生机。明道先生年轻时好猎，后来自以为已无此心，周濂溪说："何言之易也！但此心潜隐未发，一日萌动，复如前矣。"十二年后再见猎物，他才发现果然未能断绝。（《遗书》卷第七）老子甚至去控制有欲和无欲，以此观察所谓大道和人心归趣，实在如五峰所批评的"舞智尚术",难怪他观察天地的结论是"天地不仁,以万物为刍狗"。《汉书·艺文志》说道家"清虚以自守,卑弱以自持,此君人南面之术也",真是一语中的,操弄人心,进而操弄权术,他的私淑者韩非便很能会心,著有《解老》《喻老》。司马迁有卓识,将他们二人放在一起写成《老子韩非列传》。

卷二

好、恶，性也。小人好恶以己，君子好恶以道。察乎是，而天理、人欲可知。

【讲解】《大学》在论述诚其意、毋自欺时说"如恶恶臭，如好好色"，人天然会爱好美好的东西，厌恶丑恶的东西，爱好和厌恶都是人的本性。可这还不够，"欲诚其意者，先致其知"，"知至而后意诚"，只有致知才能意诚。致什么知呢？当然是致良知，致知于天道天理。凡俗以自己的私心去好恶，君子以天理天道去好恶。洞察这个道理，则天理和人欲的区分便可明了。

志仁则可大，依仁则可久。

【讲解】仁为天理，一个人有志于仁，便能打开心胸，以求与天地同流、万物一体，生命状态宏大。立志以后，必有所得，"知及之，仁能守之"，智虑增长，又能依仁以守护自己生命所得，安于仁，就能长久处于简约的生命状态。《系辞上》："乾以易知，坤以简能。易则易知，简则易从。易知则有亲，易从则有功。有亲则可久，有功则可大。可久则贤人之德，可大则贤人之业。易简而天下之理得矣。天下之理得，而成位乎其中矣。"

仲尼从心所欲不逾矩，可谓尽心矣。天即孔子也，孔子即天也。释氏无障碍，而所欲不能不逾矩，吾知其未见心之全也，猖狂妄行而已。

【讲解】《孟子·尽心上》："尧、舜，性之也；汤、武，身之也；五霸，假之也。久假而不归，恶知其非有也。"《中庸》上来就讲"天命之谓性"，天命赋予圣人者，即天地本性，尧舜及孔子诸圣"性之"，便是和天道天理合二为一，所以说"天即孔子，孔子即天"。

有其德无其位，君子安之；有其位无其功，君子耻之。君子之游世也以德，故不患乎无位；小人之游世也以利势，故患得患失，无所不为。

一嘘吸足以察寒暑之变，一语默足以著行藏之妙，一往来足以究天地之理。自陋者不足以与言也，自小者不足与有为也。

【讲解】《传习录》："人一日间，古今世界都经过一番，只是人不见耳。夜气清明时，无视无听，无思无作，淡然平怀，就是羲皇世界。平旦时，神清气朗，雍雍穆穆，就是尧、舜世界。日中以前，礼仪交会，气象秩然，就是三代世界。日中以后，神气渐昏，往来杂扰，就是春秋、战国世界。渐渐昏夜，万物寝息，景象寂寥，就是人消物尽世界。学者信得良知过，不为气所乱，便常做个羲皇已上人。"孟子讲万物皆备于我，指的是时间和空间两个层面，时间是古往今来，空间是寰此穹宇。五峰又讲过："人以其耳目所学习，而不能超乎闻见之表。"修习有得者，神智清明，心性通透，在呼吸之间体验到寒暑之变，语默之间体验到行藏之妙，气息及行动往来之间体验到天地之理，这些都是"超乎闻见之表"。"以其耳目所学习"的人其实是不学者，无法体验到这些。

人虽备夫道，必学然后识，习然后能，能然后用，用无不利，惟乐天者能之。

【讲解】这句话言简意赅，讲了很多关键点。《论语》开头就讲学习，可很多人仍不能理解什么是真正的学习。学是学未知的东西，习是练习学到的东西。前人特别解释说习是"鸟数飞也"，鸟儿固然知道扇动翅膀可以飞起来，可仍需要经过反复艰苦的练习才能做到自如飞行，道理便在此。然而，重要的问题在于，学个什么？"人虽备夫道"，我们可以经常看到古圣贤"以身任道"，人禀有身心灵明，身心禀有天道天理，但必须通过后天不断地学习方能得到这个天道，最终乐天知命。

有之在己，知之在人。有之而人不知，从而与人较者，非能有者也。

水有源，故其流不穷；木有根，故其生不穷；气有性，故其运不穷；德有本，故其行不穷。孝悌也者，德之本欤？有是心则有知，无是心则无知。巧言令色之人，一失其心于浮伪，未有能仁者也。

等级至严也，失礼乐则不威；山河至险也，失礼乐则不固。礼乎乐乎，天下所日用，不可以造次颠沛废焉者乎！

【讲解】儒家精神即礼乐精神，礼乐是天道和人道的连接点。天道贯通到人道，是通过在五伦上践履礼乐来实现。这里有两个关键点，一是天理必须在五伦上实现，二是天理必须通过礼乐在五伦上实现。儒家的理想在于构建和谐的人间秩序，是以礼乐来构建，以礼乐为秩序。礼乐是儒家区别于其他任何门派的独特精神。知此，行此，方为真儒家。孔子经常谈到礼，他谈礼，实际上蕴涵了乐。他有几次礼乐并谈，极为重要："人而不仁，如礼何？人而不仁，如乐何？"讲明礼乐之归旨为仁。"子所雅言，《诗》《书》、执礼"，诗即乐，执之以礼，以《尚书》宪章文武之王道。"兴于诗，立于礼，成于乐。"实为儒家精神之纲领。"若臧武仲之知，公绰之不欲，卞庄子之勇，冉求之艺，文之以礼乐，亦可以为成人矣。"以礼乐文饰这四子之智、不欲、勇、艺，方为完全的成人。"天下有道，则礼乐征伐自天子出。"王道精神之特质在于天下共主制礼作乐，平章百姓，协和万邦，共进于大同世界。"礼云礼云，玉帛云乎哉？乐云乐云，钟鼓云乎哉？"礼乐精神，既存乎具体之器物，更存乎器物背后之天理，正如《礼记·乐记》所言："乐者，非谓黄钟、大吕、弦歌、干扬也，乐之末节也，故童者舞之。铺筵席，陈尊俎，列笾豆，以升降为礼者，礼之末节也，故有司掌之。"《乐记》一篇，从各个层面详细论述了礼、乐，又礼乐合论，要为儒家礼乐精神的重要文献，需要后学细细研读。

富可以厚恩，贵可以广德，是君子之所欲也。有求之而得者，有不求而得者，有求之而不得者，命有定矣。信而不渝，然后能为君子。

【讲解】孔子说："富与贵，是人之所欲也；不以其道得之，不处也。贫与贱，是人之所恶也；不以其道得之，不去也。君子去仁，恶乎成名？君子无终食之间违仁，造次必于是，颠沛必于是。"（《里仁篇》）五峰的话，是对孔子之言的延伸，说得极好。既然"命有定矣"，如何才能"信而不渝"？自然是洞察并体验到天命和本性。孟子曰："口之于味也，目之于色也，耳之于声也，鼻之于臭也，四肢之于安佚也，性也。有命焉，君子不谓性也。仁之于父子也，义之于君臣也，礼之于宾主也，知之于贤者也，圣人之于天道也，命也。有性焉，君子不谓命也。"感官之享受，世人谓之富贵，人人以为努力便可求，其实有命定在；仁义礼智、天道，世人谓之命运，非求而能得，其实是每个人都该有的本性，唯有穷尽自己的光明本性，便能致于天命之赋予。孟子表彰"孔子进以礼，退以义，得之不得曰'有命'"（《万章上》），出处进退，一以礼义为准绳，得与不得皆为天命，这也是孔子"五十而知天命"所懂得的那个东西，从容不迫，有礼有节，坦荡高迈。

有为之为，出于智巧，血气方盛则知巧出焉，血气既衰则知巧穷矣。或知功之可利而锐于立功，或知名之可利而进以求名，或知正直之可利而勉于正直，或知文词之可利而习于文词，皆智巧之智也。上好恬退，则为恬退以中其欲；上好刚劲，则为刚劲以中其欲；上好温厚，则为温厚以中其欲；上好勤恪，则为勤恪以中其欲；上好文雅，则为文雅以中其欲，皆智巧之巧也。年方壮则血气盛，得所欲则血气盛，壮迈欲失则血气挫折消懦，而所为屈矣，无不可变之操也。无为之为，本于仁义，善不以名，而为功不以利，而动通于造化，与天地相终始，苟不至德，则至道不凝焉。

【讲解】"出于智巧"的"有为之为"，今天的人会说那是能人。因为其智和巧超出了一般人的思虑所及，很多人会恍然大悟般以为智巧是真智慧，是做人的极致，艳羡不已。世风若崇尚智巧，社会必定会流入谋诈，离醇和温厚越来越远。阳明先生说："乡愿以忠信廉洁见取于君子，以同流合污无忤于小人，故非之无举，刺之无刺。然究其心，乃知忠信廉洁所以媚君子也，同流合污所以媚小人也。其心已破坏矣，故不可与入尧舜之道。"（《阳明先生年谱》嘉靖二年二月）此言真是痛切。

圣人不可得而见矣，其遗言犹龙之蜕，犹虎之皮，用其文章犹足动观听，况能充其蜕、复其皮，得其精神，以设教于天下，其拨乱兴治如反覆手耳。不得其道，与天下之人角智力者，嶷嶷乎殆哉！

【讲解】嶷，山高貌。圣人已往矣，不可复见，但他们留下了涵义丰富的遗言法语，这是可得而闻的"夫子之文章"，需要后学去细细体认到自己身心上；若"得其精神"，便是不可得而闻的"夫子之言性与天道"。这样才能如程子所言："尧、舜知他几千年，其心至今在。"（《程氏遗书》卷第七）

有聚而可见谓之有者，知其有于目，故散而不可见者谓之无；有实而可蹈谓之有者，知其有于心，故妄而不可蹈者谓之无。

【讲解】《大学》说："富润屋，德润身。"身心之得，是谓德，才能真正滋润生命。陆象山常说自己的学问为"实学"："千虚不博一实，吾平生学问无他，只是一实。做得工夫实，则所说即实事，不话闲话，所指人病即实病。"（《象山语录上》）即五峰这里说的"有实而可蹈"之义。

马、牛，人畜也，御之失道则奋其角蹄，虽有猛士莫之敢撄；得其道则三尺童子用之，周旋无不如志焉。天下分裂，兆民离散，欲以一之，固有其方，患在人不仁，虽与言而不入也。

【讲解】天下人心分裂，兆民精神离散，其患不在兆民之不仁，君子当体察其情，哀矜而勿喜。阳明先生后来有更通透的体认:"仆诚赖天之灵,偶有见于良知之学,以为必由此而后天下可得而治。是以每念斯民之陷溺,则为戚然痛心,忘其身之不肖,而思以此救之,亦不自知其量者。天下之人见其若是,遂相与非笑而诋斥之,以为是病狂丧心之人耳。呜呼!是奚足恤哉?吾方疾痛之切体,而暇计人之非笑乎!人固有见其父子兄弟之坠溺于深渊者,呼号匍匐,裸跣颠顿,扳悬崖壁而下拯之。士之见者方相与揖让谈笑于其傍,以为是弃其礼貌衣冠而呼号颠顿若此,是病狂丧心者也。故夫揖让谈笑于溺人之傍而不知救,此惟行路之人,无亲戚骨肉之情者能之,然已谓之无恻隐之心,非人矣。若夫在父子兄弟之爱者,则固未有不痛心疾首,狂奔尽气,匍匐而拯之。彼将陷溺之祸有不顾,而况于病狂丧心之讥乎?而又况于蕲人之信与不信乎?"(嘉靖五年八月《答聂文蔚书》)此书为阳明晚年定论,值得细细研读。

知几则物不能累,而祸不能侵。不累于物,其知几乎!

郡县天下,可以持承平,而不可以支变故;封建诸侯,可以持承平,可以支变故。

【讲解】在今天的人看来,秦汉以来的郡县制自然比两周以前的封建制先进,至少会认为封建制是一去而不能复返的。其实,和井田制一样,封建制是王道必不可少的要素。周朝以宗法制来彰显王道,对地方治理,采取封邦建国的制度,即封建制。分封同姓诸侯及功臣诸侯,根据亲疏远近及地域重要性散布在京畿四周，屏卫王室，是为畿服。王室对诸侯的管理主要以礼乐为主，基本不参与诸侯的各类事务，诸侯国的独立性很强。重要的诸侯往往兼任王室的公卿，王室亦会派公卿大臣驻于诸侯国襄助治理，以归于王道，诸侯和王室有亲密的交融关系。诸侯若有悖逆之事，不顺王道，则唯有天子可以纠合其他诸侯行使征伐权力。以宗法制为核心的封建制，使得天子和诸侯之间、每个家族大宗和各小宗之间，有一种张弛有度的亲疏关系，没有产生僭主的可能，亦没有后世王朝所常见的外戚或宦官干政等弊病。东周末逐渐出现郡县制，秦朝完全改从，汉初企图恢复封建制而不通，后世仍改行郡县制。因为权力分配问题，郡县制使得朝廷和地方之间具有紧绷之力，此消彼长，王道几乎无法实现，权力关系容易出现各种失调。明亡后黄梨洲作《明夷待访录》甚至说："是故秦变封建而为郡县，以郡县得私于我也；汉建庶孽，以其可以藩屏于我也；宋解方镇之兵，以方镇之不利于我也。此其法何曾有一毫为天下之心哉！而亦可谓之法乎？"于是后世朝廷将原本负责"记事之职"的御史官，改为负责"纠察之任"，用来平衡权力结构不至于上下左右失控。这是封建制转为郡县制过程中极为重要的官职改革，起到了极大的作用。据北齐杨楞伽《邺都故事》云："御史台在宫阙西南，其门北开，取冬杀之义。"可见御史这一官职设计的重要意义。尽管如此，失去了周朝式的封建制，宗法制也难免会变质，王道精神便很难保证，秦汉以下历代王朝都无法根本解决这一问题。

自观我者而言，事至而知起，则我之仁可见也；事不至而知不起，则我之仁不可见也。自我而言心，与天地同流，夫何间之有？

【讲解】《易·观》六三："观我生，进退。"象辞曰："观我生，进退，未失道也。""观我"就是观察自我的行为，然后决定进退，以不失其道。这里的"观"，当然不是粗浅的行迹层面，而是反观自身言行是否合乎君子之道。九五爻辞说："观我生，君子无咎。"象辞指出了君子无咎的缘故："观我生，观民也。"王弼解释说："观民之俗，以察己道。"君子行世，体顺他人之心，返回来调整自己的言行，是为新民，唯有自明明德者才能做到。孟子讲"舜明于庶物，察于人伦，由仁义行，非行仁义也"，儒家学问行之深处，以天地万物为一体，明晓万物之情，体察世间人伦，内涵仁义，由此观察和发出自身的言行，自然能万事毕至，生出智慧，"与天地同流"，能见君子之仁，能得"无咎"。前引阳明先生与聂文蔚书，亦能淋漓尽致阐明这一含义。

寡欲之君，然后可以言王道；无欲之臣，然后可以言王佐。

处己有道，则行艰难险厄之中，无所不利；失其道，则有不能堪而忿欲兴矣，是以君子贵有德也。

或往或来，天之所以为道也；或语或默，士之所以为仁也；或进或退，臣之所以事君也；或擒或纵，兵之所以为律也；或弛或张，王之所以成化于天下也。

【讲解】人处世间，须知世间事并非只有一个维度，无论在时间上，还是空间上，都有多重维度，应当按照古圣先贤提示的修习工夫，踏实学习，扩大心量，不被一时一地一事所拘束，天高任鸟飞，海阔任鱼跃，这样才能有万物一体的气象，是真正的自由。但不管如何自由，必须"处己有道"，而不是任性胡来。天之道，士之仁，臣事君（即一个人和国家以及政治的关系），兵之律，王之化，这些都是处己之道。

释氏以尽虚空沙界为吾身，大则大矣，而以父母所生之身为一尘刹幻化之物而不知敬焉，是有间也。有间者，至不仁也，与区区于一物之中沉惑而不知反者，何以异？

性譬诸水乎，则心犹水之下，情犹水之澜，欲犹水之波浪。

【讲解】任何一个领域的学习，都需要弄清楚一些重要的概念。儒家的名词，并非知识层面的，而是出于身心的体验。唯有在身心上有所体验，才能破除知识层面的障碍，去掉许多概念之间的藩篱，让概念为我所用，成为自己身心的组成部分，而不是疲于在名相上打转，为名相所误。五峰这里辨析了四个名词，性是人的光明本性，心是我们身体的主宰，情和欲是由本性生出来的喜怒哀乐、意必固我。若将心譬喻为水，性如水之就下的特性，情和欲如水的波澜。人的各种情欲，若出于私意，就是有害的，却是光明本性的另一面。孟子说"观水有术，必观其澜"，善学者可以通过观察水的波澜，了解波澜后面水的特性。我们可以通过对情欲反躬自省，来体察人的本性。孟子曾就人性本善与告子进行过一次辩论。告子曰："性犹湍水也，决诸东方则东流，决诸西方则西流。人性之无分于善不善也，犹水之无分于东西也。"孟子曰："水信无分于东西，无分于上下乎？人性之善也，犹水之就下也。人无有不善，水无有不下。今夫水，搏而跃之，可使过颡；激而行之，可使在山。是岂水之性哉？其势则然也。人之可使为不善，其性亦犹是也。"同样是对大自然的观察，得出的结论却有根本不同，善学者应当细细在身心上体验一番，方能有所确信以及抉择。

即物而真者，圣人之道也；谈真离物者，释氏之幻也。释氏见理而不穷理，见性而不尽性，故于一天之中分别幻华、真实，不能合一，与道不相似也。

当爵禄而不轻，行道德而不舍者，君子人欤？君子人也！天下之臣有三：有好功名而轻爵禄之臣，是人也，名得功成而止矣；有贪爵禄而昧功名之臣，是人也，必忘其性命矣，鲜不及哉；有由道义而行之臣，是人也，爵位、功名得之不以为重，失之不以为轻，顾吾道义如何耳。君天下，临百官，是三臣者杂然并进，为人君者乌乎知而进退之？孟子曰："君仁，莫不仁。"

【讲解】 戏曲历来在民间道德观、历史观等方面起到了很大的教育作用，甚至能移风易俗。这是每一位希冀洞察中国历史的人都需要认识到的。今天也是如此，只不过如今戏曲这种形式不振，而由各类影视代替承担了这种功能。胡编乱造的影视节目姑不论，且说影响较大、质量较好的两部吧。2006年摄制的《大明王朝1566》里，编剧借明世宗之口说："古人称长江为江，黄河为河。长江水清，黄河水浊，长江在流，黄河也在流。古谚云：'圣人出，黄河清。'可黄河什么时候清过？长江之水灌溉了两岸数省之田地，黄河之水也灌溉了数省两岸之田地，只能不因水清而偏用，也只能不因水浊而偏废，自古皆然。这个海瑞不懂这个道理，在奏折里劝朕只用长江而废黄河，朕其可乎？反之，黄河一旦泛滥，便需治理，这便是朕为什么罢黜严嵩、杀严世蕃的道理。再反之，长江一旦泛滥，朕也要治理，这便是朕为什么罢黜杨廷和、夏言，杀杨继盛、沈炼等人的道理。"2020年摄制的《清平乐》里，范仲淹刚毅耿忠却屡被外放，吕夷简专横世故却屹立朝堂，编剧给宋仁宗编了一个理由，跟前面明世宗那番说辞很像。不得不说，这些历史观和政治观很能打动人，甚至能给有些人一种恍然大悟的感觉。先不说历史实相到底如何，而这种历史观似是而非，极能迷惑人心，全然不懂孟子"君仁，莫不仁；君义，莫不义；君正，莫不正"（《离娄上》）这句话的穿透力和深刻含义。《孟子》开篇就阐明的一个重大问题，孟子去见梁惠王，梁惠王一见面就问："叟！不远千里而来，亦将有以利吾国乎？"孟子对曰："王何必曰利！亦有仁义而已矣。王曰'何以利吾国'，大夫曰'何以利吾家'，士庶人曰'何以利吾？'，上下交征利而国危矣。"人的身心之沦丧，国家民族之危难，就在于这个"利"字，偏偏还能找到各种借口，伶牙俐齿，惑乱人心，因此孔子"恶利口之覆邦家者"（《阳货篇》）。

有善行而不仁者有矣，未有不仁而能择乎善者也。

子思子曰："率性之谓道。"万物万事，性之质也；因质以致用，人之道也。人也者，天地之全也，而何以知其全乎？万物有有父子之亲者焉，有有君臣之统者焉，有有报本反始之礼者焉，有有兄弟之序者焉，有有救灾恤患之义者焉，有有夫妇之别者焉。至于知时御盗，如鸡犬犹能有功于人，然谓之禽兽而人不与为类，何也？以其不得其全，不可与为类也。夫人虽备万物之性，然好恶有邪正，取舍有是非，或中于先，或否于后，或得于上，或失于下，故有不仁，而入于蠢顽禽兽之性者矣。惟圣人既生而知之，又学以审之，尽人之性，尽物之性，德合天地，心统万物，故与造化相参而主斯道也。不然，各适其适，杂于蠢顽禽兽，是异类而已，岂人之道也哉！是故君子必戒慎恐惧，以无失父母之性，自别于异类，期全而归之，以成吾孝也。

中者，道之体；和者，道之用。中和变化，万物各正性命，而纯备者人也，性之极也。故观万物之流行，其性则异；察万物之本性，其源则一。圣人执天之机，惇叙五典，庸秩五礼，顺是者章之以五服，逆是者讨之以五刑，调理万物，各得其所，此人之以为天地也。

【讲解】"天命之谓性"，本性光明，惟精惟一，纯然至善，没有相对性，所以"性之极"的说法有些问题。通透来讲，五峰的话也可以换过来表述，并稍做调整：和者道之体，中者道之用；观万物之流行其源则一，察万物之本性其用则异。《传习录》中，问："'不睹不闻'是说本体，'戒慎恐惧'是说功夫否？"先生曰："此处须信得本体原是不睹不闻的，亦原是戒慎恐惧的。戒慎恐惧，不曾在不睹不闻上加得些子。见得真时，便谓戒慎恐惧是本体，不睹不闻是功夫，亦得。"阳明先生把这个道理讲得非常清晰。儒家的一些重要义理，比如诚、敬，都可以这样去理解和体悟。五峰在这里既讲本体，接着讲五典、五礼、五服、五刑，都是古圣先贤阐发过的义理，是儒家在世间落实天理本体的具体做法，即《中庸》所谓"礼仪三百，威仪三千"。从理论建构上，正好是六经相互呼应，融合无间，非常精密、详尽，充分透出儒家学问全副精神在世间，在世间成就，在世间解脱的根本宗旨。这是与佛道等其他门派的根本不同。

胡子喟然叹曰：至哉！吾观天地之神道，其时无愆，赋命万物，无大无细，各足其分；太和保合，变化无穷也。凡人之生，粹然天地之心，道义完具，无适无莫，不可以善恶辨，不可以是非分，无过也，无不及也，此中之所以名也。夫心宰万物，顺之则喜，逆之则怒，感于死则哀，动于生则乐。欲之所起，情则随之，心亦放焉，故有私于身，蔽于爱，动于气，而失之毫厘、谬以千里者矣。众人昏昏不自知觉，方且为善恶乱，方且为是非惑。惟圣人超拔人群之上，处见而知隐，由显而知微，静与天同德，动与天同道，和顺于万物，浑融乎天下，而无所不通，此中和之道所以圣人独得，民鲜能久者也。为君子者奈何？戒慎乎隐微，恭敬乎颠沛，勿忘也，勿助长也，则中和自致，天高地下而位定，万物正其性命而并育，成位乎其中，与天地参矣。

【讲解】这一章堪称五峰先生学问的总纲领，有体有用，有义理有工夫。可分为三段，第一段从"至哉"至"变化无穷也"，讲天地之神道，是世间万事万物的本源。《易·观》象辞说："观天之神道而四时不忒，圣人以神道设教而天下服矣。"天地之间莫非阴阳，阴阳不测之谓神，万事万物依据阴阳运行的规律，即为神道。天地之神道即天理，落实到世间的神道即仁义礼智信，具体到人事上即君臣之义、父子之亲、夫妇之别、兄弟之爱、朋友之信这五伦。学习者需要日日在这五伦上切磨用功，一切归诸天理良知，则自身言行渐渐和谐有序，便是自己的神道。《乾》象辞："乾道变化，各正性命，保合太和，乃利贞。"程子解释说："保谓常存，合谓常和，保合太和，是以利且贞也。天地之道，常久而不已者，保合太和也。"太和，即中和，就是天地人的本源，光明本性，恒久不变，如如不动。张子《正蒙·太和篇》："太和所谓道，中涵浮沈、升降、动静、相感之性，是生絪缊、相荡、胜负、屈伸之始。"第二段从"凡人之生"至"民鲜能久者也"，讲天道太和落实到人的身心，本来完全具备，毫无欠缺，但情欲所起，私意遮蔽，本心放失，浑浑噩噩，唯有圣人在隐微处全得天道，又与万物同体，自明明德于天下，中和浑融。最后的第三段讲君子日常具体的修习工夫，即于身心隐微处戒慎恐惧，于出处进退上诚敬自牧，必有事焉而勿正，勿忘勿助长，循序渐进，日积月累，培护中和之德，最终进入生命的博大浑厚之域。

  目之所可睹者，禽虫兽皆能视也；耳之所可闻者，禽虫兽皆能闻也；视而知其形，听而知其声，各以其类者，亦禽兽之所能也。视万形，听万声，而兼辨之者，则人而已。睹形色而知其性，闻声音而达其义，通乎耳目之表、形器之外，则非圣人不能与于斯矣。斯道不明，则杨朱、墨翟之贤而有禽兽之累，惟安于耳目、形器，不知觉之过也。君子履安佚之地，当安佚之时，戒慎恐惧，不敢须臾怠者以此。

  君子畏天命，顺天时，故不行惊众骇俗之事而常中；小人不知天命，以利而动，肆情妄作，故行惊众骇俗之事，必其无忌惮而然也。

  首万物，存天地，谓之正性；备万物，参天地，谓之正道；顺秉彝，穷物则，谓之正教。

【讲解】这三句是对《中庸》开首三句"天命之谓性，率性之谓道，修道之谓教"的讲解。只是性只有一个性，道只有一个道，教只有一个教，不必再加个"正"字。生命学问的研习，必须到此独一无二的地步，才算是真体验、真学问。

  道之明也，道之行也，我知之矣，变动不居，进退无常，妙道精义，未尝须臾离也。贤者之行，智者之见，常高于俗而与俗立异；不肖者之行，愚者之见，常溺于俗而与俗同流，此道之所以不明也，此道之所以不行也。我知圣人之行，圣人之见矣，不与俗同，不与俗异，变动不居，进退无常，妙道精义，未尝须臾离也，参于天地，造化万物，明如日月，行如四时，我知圣人之行，圣人之见矣。

仲尼之教，犹天地造化万物，生生日新，无一气之不应，无一息之或已也，我于季路而见焉。或曰：何谓也？曰：子路衣敝缊袍，与衣狐貉者立而不耻者，其质美矣，孔子曰："不忮不求，何用不臧？"进之以仁也，季路终身诵之，力行乎仁矣。孔子曰："是道也，何足以臧？"至哉斯言！非天下之诚，其孰能与于此？

颜回欲罢不能，未至文王纯亦不已之地，孔子所以惜之曰"未见其止也"，止则与天为一，无以加矣。

气主乎性，性主乎心，心纯则性定而气正，气正则动而不差。动而有差者，心未纯也。告子不知心而以义为外，无主于中而主于言，言有不胜则惑矣，而心有不动乎？北宫黝、孟施舍以气为本，以果为行，一身之气有时而衰，而心有不动乎？曾子、孟子之勇，原于心，在身为道，处物为义，气与道义周流融合，于视听言动之间可谓尽心者矣。夫性无不体者心也，孰能参天地而不物，关百圣而不惑，乱九流而不谬，乘富贵而能约，遭贫贱而能亨，礼仪三百，威仪三千，周旋繁缛而不乱乎？

【讲解】心、志、性、气，这几个概念极为重要，关系到儒家对天地万物运行原理的认识和体认。学习者唯有将这些概念一一在身心上体验过，才会有明确且不容混淆的洞察。为了说明这些概念，先列出圣贤们的论断，加以细细研求，至少能从义理层面有所明了。孟子说："夫志，气之帅也；气，体之充也。"张子《正蒙·太和篇》说："太虚无形，气之本体，其聚其散，变化之客形尔；至静无感，性之渊源。"又说："气之聚散于太虚，犹冰凝释于水。""由太虚，有天之名；由气化，有道之名；合虚与气，有性之名；合性与知觉，有心之名。"伊川先生说："论性，不论气，不备；论气，不论性，不明。二之则不是。"阳明先生说："孟子性善，是从本原上说。然性善之端须在气上始见得，若无气亦无可见矣。恻隐、羞恶、辞让、是非即是气，程子谓'论性不论气不备，论气不论性不明'，亦是为学者各认一边，只得如此说。若如得自性明白时，气即是性，性即是气，原无性气之可分也。"用今天的话换着说：志，是志于道，是人心指向天理本体的矢量，阳明特强调学者立志，若能真正立得志，颠沛造次、生死存亡都不能夺走，此时的志便是真志向，亦可称为本体之道、天理、至善、本性（可单称为性）、良知、太虚、太极。我们生命中无形的意念和情欲，是气，有形的身体也是气所化。阳明说四端即气，因为四端需要扩充、深化、固化以达至于本体，扩充到本体的气便是浩然之气，孟子描述为"至大至刚，以直养而无害，则塞于天地之间"。气之于本性，宛如冰之于水，就下是水之性，冰是水之聚散。对于具体的工夫而言，恻隐、羞恶、辞让、是非这四端当然是人的本性，但还不完备，不能纯亦不已，需要逐渐扩充至完满和纯粹。情欲也是气，之于本性，亦如冰之于水，只是情欲若为私欲所遮蔽，则如泡沫之于水，有水之至善本性，需扫去遮蔽，以至于纯粹。因此阳明说"气即是性，性即是气"，是对伊川"性、气二之则不是"的解释。因此这一章五峰说"气主乎性，性主乎心，心纯则性定而气正，气正则动而不差"，是说气主宰性，性主宰心，但他颠倒了心和气的顺序。心是身体的主宰，性是心的本质。五峰的话，当改为"性主乎心，心主乎气"，方无疏漏。

　　人皆有良心，故被之以桀纣之名，虽匹夫不受也。夫桀纣万乘之君，而匹夫羞为之，何也？以身不亲其奉，而知其行丑也。王公大人一亲其奉，丧其良心，处利势之际，临死生之节，贪冒苟免，行若犬鼠，皆是也。富贵而奉身者备，斩良心之利剑也，是故大禹菲饮食，卑宫室，孔子重赞之曰："吾无间然矣。"夫富贵一时之利，良心万世之彝，乘利势，行彝章，如雷之震，如风之动，圣人性之，君子乐焉。不然，乃以一时之利，失万世之彝，自列于禽兽，宁贫贱而为匹夫，不愿王公之富贵也。

　　以理义服天下易，以威力服天下难，理义本诸身，威力假诸人者也。本诸身者有性，假诸人者有命，性可必，而命不可必。性存则命立，而权度纵释在我矣。是故善为国者，尊吾性而已。

　　君子有宰天下之心，裁之自亲始；君子有善万世之心，行之自身始。不然，则荡而无止，不入于释氏之寂灭，则入于老庄之荒唐。

　　心无乎不在，本天道变化，为世俗酬酢，参天地，备万物，人之为道至大也、至善也。放而不知求，耳闻目见为己蔽，父子夫妇为己累，衣裘饮食为己欲，既失其本矣，犹皆曰我有知；论事之是非，方人之短长，终不知其陷溺者，悲夫！故孟子曰："学问之道无他，求其放心而已矣。"有德而富贵者，乘富贵之势以利物；无德而富贵者，乘富贵之势以残身。富贵，人之所大欲；贫贱，人之所大恶，然因贫贱而修益者多，因富贵而不失于昏淫者寡，则富贵也有时而不若贫贱矣。

赤子不私其身，无智巧，无偏系，能守是心而不失，然后谓之大丈夫。

【讲解】赤子之心，特点便是"不私其身，无智巧，无偏系"，自自然然，亭亭当当，毫无勉强。但赤子之心无所取裁，必须自明明德，从而自立立人、自达达人以新民，又须以至善为归旨，然后谓之大丈夫，谓之大人。

唯仁者为能，所执无非礼，所行无非义。

今之儒者，移学文艺、干仕进之心，以收其放心而美其身，则又何古人之不可及哉？父兄以学文艺令其弟子，朋友以仕进相招，往而不反，则心始荒而不治万事之成，咸不逮古先矣。

学欲博不欲杂，守欲约不欲陋；杂似博，陋似约，学者不可不察也。

修为者必有弃，然后能有所取；必有变，然后能有所成。虽天子之贵，不仁不义不能以尊其身；虽天下之大，不仁不义不能以庇其身，况其下者乎！

鱼生于水，死于水；草木生于土，死于土；人生于道，死于道，天经也。饮食、车马、衣裘、宫室之用，道所有以济生者，犹鱼有蘋藻泥沙，草木有雷风雨露也。如使鱼而离水，虽有蘋藻泥沙则不能生矣；如使草木而离土，虽有雷风雨露，亦不能以生矣。今人也而离道，饮食虽丰，裘服虽鲜，车马虽泽，宫室虽丽，其得而享诸？季世淫乱并兴，争夺相杀，殄灭人伦，至于善良被祸，奸恶相残，天下嚣然，皆失其所，则一人弃道，崇物之所致也。有国家者戒之戒之！

【讲解】很多人喜欢读《菜根谭》，警句格言，简明扼要，高人一截，斩钉截铁，充满了人生的哲理。其实此书是晚明三教合一时的产物，有着如老子"将欲取之，必固与之"一般的自私和世故，看似高迈，其实都是一个智巧的"我"，全无儒家万物一体之精神。五峰在这里用鱼和水的关系比喻人和道的关系，非常精妙，却有着立达之心，看似平常，其实有孟子借曾子之言"自反而缩，虽千万人吾往矣"的大魄力，是顶天立地的真儒。

养太子不可以不慎也，望太子不可以不仁也。

卷三

文王之行王政，至善美也；孟子之言王道，至详约也，然不越制其田里，导之树畜，教之以孝悌忠信而已。自五伯之乱，以至于今，田里之弊无穷，树畜之业不修，孝悌之行不著，忠信之风不立，治道日苟，刑罚日繁，非有超百世英才之君臣，与文王、孟氏比肩者，其孰能复之？养民惟恐不足，此世之所以治安也；取民惟恐不足，此世之所以败亡也。

【讲解】制田里，导树畜，教孝悌，立忠信，古圣先贤千言万语、立身行事，都不出这些事情之外。这是遵天地之道而行，仰不愧，俯不怍，坦坦荡荡，与日月同流。象山兄长复斋问："吾弟今在何处做工夫？"象山答云："在人情、事势、物理上做些工夫。"阳明也说："除了人情事变，则无事矣。"

江河之流，非舟不济，人取其济则已矣，不复留情于舟也；涧壑之险，非梁不渡，人取其渡则已矣，不复留情于梁也。人于奉身济生之物皆如是也，不亦善乎？澹然天地之间，虽生死之变不能动其心矣。

生本无可好，人之所以好生者，以欲也；死本无可恶，人之所以恶死者，亦以欲也。生求称其欲，死惧失其欲，憧憧天地之间，莫不以欲为事，而心学不传矣。

有源之水，寒冽不冻；有德之人，厄穷不塞。

以反求诸己为要法，以言人不善为至戒。

行慎则能坚其志，言慎则能崇其德。

下之于上德，不待声色而后化；人之于其类，不待声色而后从；祸福于善恶，不待声色而后应。《诗》云："民之秉彝，好是懿德。"是故君子笃恭而天下平。

【讲解】上德能感化人的身心，同侪能让人信从，善恶能以祸福为响应，这些都不需要以利害关系为诱导。前面一章说"以反求诸己为要法"，孟子说："爱人不亲，反其仁；治人不治，反其智；礼人不答，反其敬。行有不得者皆反求诸己，其身正而天下归之。"（《离娄上》）反诸己是日常修习的紧切工夫，时时处处不可间断，才能逐渐扩充，盈科而后进，这是克己复礼天下归仁，也就是"笃恭而天下平"。

人固有远迹江湖、念绝于名利者矣，然世或求之而不得免；人固有置身朝市、心属于富贵者矣，然世或舍之而不得进。命之在人，分定于天，不可变也，是以君子贵知命，知命然后能信义，惟患积德不足于身，不患取资不足于世。

【讲解】很多人喜欢讲命，凡夫俗子讲宿命，听天由命，听上去很达观；性格刚烈或执拗一些的，讲移天改命；而君子无偏无倚，中和浑融，讲乐天知命。乐天知命需要仁、智、勇三者兼具，需要对自己的身心足够了解，能洞察过往、现在及未来，能与天地同游。孔子自述平生经历（《为政篇》），便是君子对于不同时间段生命状态的体悟。人年轻时凭借血气之勇，一往无前，随着血气渐衰，经历了世事，慢慢沉静下来，对于人的生命和天地之间的关系体悟越来越深入和透彻。早年立下志向，中年于天地人无惑，但仍需要经过世事和时间的检验和磨砺，到了五十岁知天命，即知晓天命赋予自身在今生的责任。在世间行事，尽诚尽敬，无过无不及，这才是尽性致命，不负天地所赋，不负圣贤教导。

执斧斤者听于施绳墨者，然后大厦成；执干戈者听于明理义者，然后大业定。

仁心，立政之本也；均田，为政之先也。田里不均，虽有仁心，而民不被其泽矣。井田者，圣人均田之要法也。恩意联属，奸宄不容，少而不散，多而不乱，农赋既定，军制亦明矣。三王之所以王者，以其能制天下之田里，政立仁施，虽匹夫匹妇，一衣一食如解衣衣之，如推食食之，其于万物诚有调燮之法，以佐赞乾坤化育之功，非如后世之君不仁于民也。

【讲解】《经学理窟》中横渠先生反复论述过对井田制和封建制的大义和具体实施方法，有心者当逐一细细体悟。他曾说："井田至易行，但朝廷出一令，可以不笞一人而定。"接下去他详细勾画了如何实施，也谈到了井田制的大义："使民相趋如骨肉，上之人保之如赤子，谋人如己，谋众如家，则民自信。"在后世很多人眼里，井田制和封建制只是先秦遗存，若想恢复，只显迂腐。此言看上去合情合理，成为后人的共识。其实是昧于儒家精神，尤其不察井田制和封建制的大义。五峰在这里言简意赅，讲述了井田制的根本功效，牵涉到政治制度、土地制度、军事制度、社会风俗，还可以再加上宗法制度。他在后面还会经常谈论这一点。儒家全付精神在构建和谐秩序，所依据的最高宗旨即天理，天理为本体，衍生出来的各种制度都是天理的发用，一本发为万殊，万殊中各涵一本。儒家又特讲变易，随着时代变化，具体之措置即万殊当然需要变通，但其一本却与天地同流。横渠和五峰及其他儒者所讲井田制和封建制背后的仁义之心、赞育之功，值得细加思绎。不法井田制之义，仁政不可谈，亦非真儒。

桀、纣、秦政皆穷天下之恶，百姓之所同恶，故商、周、刘汉因天下之心伐而代之，百姓亲附，居之安久，所谓仁义之兵也。魏晋以来，莫不假人之柄，而有黩三纲之罪，仁义不立，纲纪不张，无以缔固民心，而欲居之安久，可乎？

或问："周室衰微，诸侯更霸数百年，及秦累世穷兵极势而后定天下，天下已定，其十三岁而亡，何也？"曰：秦之亡也久矣，秦自孝公用商鞅之法，势日张而德日衰，兵日振而俗日弊，地日广而民心日益散，秦之亡也久矣。"然则贾生谓攻守之势异，非欤？"曰：攻、守，一道也，是故汤武由仁义以攻，由仁义以守，汉唐以仁义而攻，以仁义而守，子孙享之各数百年，盖得其道也。曰："秦失其道，其能定天下，何也？"曰：时也。

六国之君，其愚又甚于秦，故秦能欺之，以侥幸一时之胜，而亡立至矣。曰："然则汉唐兴义师，不五六岁得天下、安中国者数百年，季世一失其道，而亡如此其忽，何也？"曰：井法不立，诸侯不建，天下荡荡无纲纪也。后世不改其辙，欲如周获天年，终难矣哉！

三代而后，汉唐之盛，谓爱民而富民之君则有之，谓爱民而教民之君则未之有也。

汉唐以来，天下既定，人君非因循自怠则沉溺声色，非沉溺声色则开拓边境，非开拓边境则崇饰虚文，其下乃有惑于神仙真空之术，曷若讲明先王之道，存其心，正其情，大其德，新其政，光其国，为万世之大君乎？后世必有高于汉唐贤君之聪明者，然后能行之矣。而汉唐贤君志趣识量，亦未易及也，可轻弃哉？又况三代之盛，王行一不义、杀一不辜而得天下不为者，其仁何可及乎？

人君，联属天下以成其身者也。内选于九族之亲，礼其贤者，表而用之，以联属其亲；外选于五方之人，礼其英杰，引而进之，以联属其民。是故贤者，众之表、君之辅也。不进其亲之贤者，是自贼其心腹也；不进其民之贤者，是自残其四肢也。残贼之君，鲜不覆亡哉！

【讲解】以上五章是评论历代政治得失，关系到儒家的正统历史观。五峰的话，虽然和程朱陆王略有出入，但大体不差。这样的历史观，千年来基本上是朝野共识，也常被朝廷作为治国理政的标准参考。十九世纪末二十世纪初以后，从上到下的思想大变，最终变得不可收拾。王道政治的核心是精英政治，人君和天下各个层面包括家族（亲族关系）、贤人士大夫（精英阶层关系），相互联系、相互附属，即《大学》里讲的"君子贤其贤而亲其亲"，共同治理天下国家，绝不会有后来的各种流弊。

事物之情，以成则难，以毁则易；足之行也亦然，升高难，就卑易；舟之行也亦然，溯流难，顺流易。是故雅言难入而淫言易听，正道难从而小道易用。伊尹之训太甲，曰："有言逆于汝心，必求诸道；有言逊于汝志，必求诸非道。"盖本天下事物之情而戒之耳，非谓太甲质凡而故告之以如是也。英明之君能以是自戒，则德业日新，可以配天矣。

圣人理天下，以万物各得其所为至极，井田、封建其大法也。暴君污吏既已废之，明君良臣历千五百余岁，未有能复之者。智不及耶？才不逮耶？圣道不传，所谓明君良臣者未免以天下自利，无意于裁成辅相，使万物各得其所耶？

探视听言动无息之本，可以知性；察视听言动不息之际，可以会情。视听言动，道义明著，孰知其为此心？视听言动，物欲引取，孰知其为人欲？是故诚成天下之性，性立天下之有，情交天下之动，心妙性情之德。性情之德，庸人与圣人同，圣人妙而庸人之所以不妙者，拘滞于有形而不能通尔。今欲通之，非致知，何适哉？

至亲至切者，其仁之义也欤？至通至达者，其义之理也欤？人备万物，贤者能体万物，故万物为我用。物不备我，故物不能体我，我应不为万物役，而反为万物役者，其不智孰甚焉！

【讲解】儒家讲以万物为一体，万物皆备于我。学习不到深处，只是从道理层面去讲，大概很难理解，尤其无法体验。儒家又讲"物各付物"，就是让万物各归其位，让万物成为自己本身。这一点，阳明先生的"未看此花时"公案，是一个很好的例子。如果一个人的精神通过视听言动能放在万物上，万物的意义才对他显现出来，便与他有了联结。夫子之文章，即上面讲的视听言动，人人可见可懂，而夫子之言性与天道，即视听言动之本，即仁义，就不是人人能见能懂的了。这都需要按照古圣先贤教导的具体方法，坚持学习，才能逐渐体验到不可见不可懂的层面。

行吾仁谓之恕，操吾心谓之敬，敬以养吾仁。

非性无物，非气无形。性，其气之本乎！

释氏窥见心体，故言为无不周遍，然未知止于其所，故外伦理而妄行，不足与言孔孟之道也。

明乾坤变化、万物受命之理，然后信六道轮回之说真诐淫邪遁之词，始可与为善矣。

气之流行，性为之主；性之流行，心为之主。

释氏有适而可，有适而不可，吾儒无可无不可。人能自强于行履之地，则必不假释氏淫遁之词以自殆矣。释氏惟明一心，亦可谓要矣，然真孔子所谓"好仁不好学"者也。不如是，岂其愚至于无父无君而不自知其非也哉！物无非我，事无非真，彼遗弃人间万务，惟以了死生为大者，其蔽孰甚焉！

气感于物，发如奔霆，狂不可制，惟明者能自反，惟勇者能自断。行之失于前者可以改之于后，事之失于今者可以修之于来。虽然，使行而可以逆制，则人皆有善行矣；使事而可以豫立，则人皆有善事矣。惟造次不可以少待也，惟颠沛不可以少安也，则行失于身，事失于物，有不可胜穷者矣，虽强力之人改过不惮，其如过之不穷何？是以《大学》之方在致其知，知至然后意诚，意诚则过不期寡而寡矣。事之误，非过也，或未得驭事之道焉耳；心之惑，乃过也，心过难改，能改心过则无过矣。

【讲解】五峰这段话，已经初现阳明先生"致良知"说的端倪。既然过失不胜改，便当致此心之良知，然后以此良知施于事事物物，在事事物物上检验此心的良知，这便是格物，如此方能意诚、心正、身修。五峰在《姜嫄生稷》里亦说："儒者莫要于穷理，理明然后物格而知至，知至然后意诚而心不乱。"

能攻人实病者至难也，能受人实攻者为尤难；人能攻我实病，我能受人实攻，朋友之义其庶几乎！不然，其不相陷而为小人者，几希矣！

忌克之人，其可事乎？其急也，我谏我听，我才我用；祸既息矣，我谏，谤也；我才，奸也，杀我必矣。有天下国家而如是，能传之子孙者，未之有也。是故不忌不克，可以为君矣；谏不妄发，才不妄试，可以保身矣。

丧之三年也，尽生者之孝心也，于死者何加损焉？是故汉文虽有命短丧，我谓之天下之慈君，而汉景不服三年之丧，其为孝也薄矣。行而有悖于天，有累于身，虽有父令不可从也，从之则成父之小欲，而隳父之大仁，君子不谓之孝。况三年之丧，仁人孝子所以事天成身之本，非父之所得令者乎？后世不罪汉景之薄于亲，而罪汉文之慈于臣子，是未察乎丧服之志者也。

欲大变后世之法度，必先大变人主之心术，心术不正则不能用真儒为大臣，大臣非真儒则百官不可总己以听，而嗣君不可以三年不言，母后虽欲顺承天意，不挠外权，不可得矣，此不可不大变之本也。本正则自身措之百官万民，而天下皆正矣。

荀子曰："有治人无治法。"窃譬之欲拨乱反之正者，如越江湖，法则舟也，人则操舟者也，若舟破楫坏，虽有若神之技，人人知其弗能济矣。故乘大乱之时必变法，法不变而能成治功者，未之有也。

【讲解】前揭《礼记·乐记》："礼节民心，乐和民声，政以行之，刑以防之。礼、乐、刑、政，四达而不悖，则王道备矣。"儒家治理天下最重要的四个要素，缺一不可，完备后便是王道。《乐记》简明扼要讲述了这四个要素的特点。礼仪用来规范人的言行，音乐用来调和人心，政治用来进行具体的治理，刑法用来防范以及惩罚。历代儒家治国，均是从这四个层面进行，四个层面交相融合，背后均以天理为本源。一般人对古代的法律制度有很多误解，其实历代王朝都根据时代特征制订适宜的刑法，到了宋朝及以后，刑法制度尤其详尽完备。这从《汉书》以来几部大的正史之专门史中可以看得清楚。时代变化了，具体的刑法必定要调整，《易·系辞》讲"变通者，趣时者也"便是此义。

欲拨乱兴治者，当正大纲，知大纲然后本可立，而末可定。大纲不知，虽或善于条目，有一时之功，终必于大纲不正之处而生大乱。然大纲无定体，各随其时事，故鲁庄之大纲在于复仇也，卫国之大纲在于正名也。仇不复，名不正，虽有仲尼之德，亦不能听鲁、卫之政矣。

行纷华波动之中，慢易之心不生；居幽独得肆之处，非僻之情不起，上也；起而以礼制焉，次也。制之而不止者，昏而无勇也。理不素穷，勇不自任，必为小人之归，可耻之甚也。

尧舜以天下与人而无人德我之望，汤武有人之天下而无我取人之嫌，是故天下无大事。我不能大，则以事为大，而处之也难矣。

人欲盛则天理昏，理素明则无欲矣。处富贵乎，与天地同其通；处贫贱乎，与天地同其否；安死顺生，与天地同其变化，又何宫室妻妾、衣服饮食、存亡得丧而以介意乎！

一身之利无谋也，而利天下者则谋之；一时之利无谋也，而利万世者则谋之。存斯志，行斯道，躬耕于野，上以奉祀事长，下以慈幼延交游，于身足矣。《易》曰："不家食，吉。"是有命焉，乌能舍我灵龟而逐人之昏昏也？

【讲解】《公冶长篇》："子曰：臧文仲居蔡，山节藻棁，何如其知也？"朱子引张子曰："山节藻棁为藏龟之室，祀爰居之义，同归于不知宜矣。"五峰这里说的灵龟，当从这个角度去理解。龟蓍是人类和天地精神交接的媒介，含有灵明，所以谓之灵龟。

仁者，人所以肖天地之机要也。

人之于天地，有感必应，犹心之于身，疾痛必知焉。

物不独立，必有对，对不分治，必交焉而文生矣。物盈于天地之间，仁者无不爱也，故以斯文为己任，理万物而与天地参矣。

或问王通曰："子有忧疑乎？"通曰："乐天知命，吾何忧？穷理尽心，吾何疑？虽然，天下皆忧，吾独得不忧；天下皆疑，吾独得不疑。"又曰："心迹之判久矣，吾独得不二言乎？"或问曰："通有二言，何也？"曰："仁则知通之言一，不仁则以通言为二。若心与迹判，则是天地万物不相管也，而将何以一天下之动乎？"

【讲解】这一章"吾独得不二言乎"以上是隋唐之际大儒文中子王通（字仲淹）和门人的问答，"或问曰"以下是五峰和门人对于王通之言的讨论。伊川先生说："释氏之说，若欲穷其说而去取之，则其说未能穷，固已化而为佛矣。只且于迹上考之。其设教如是，则其心果如何，固难为取其心不取其迹，有是心则有是迹。王通言心迹之判，便是乱说，不若且于迹上断定，不与圣人合。其言有合处，则吾道固已有；有不合者，固所不取。如是立定，却省易。"（《河南程氏遗书》卷第十五）心为本体所在，迹为本体之发用，体用一源，有什么样的本体便有什么样的发用。所以孟子说："由仁义行，非行仁义也。"身心有仁义，然后显现出来为温良恭俭让。只有行温良恭俭让，则不能说他是由身心之仁义行出来的。二者有根本不同，甚至是判断一个人仁或不仁的关键所在，是每一个学习者需时时省察的地方，万不可稍有差误。

天下莫大于心，患在不能推之尔；莫久于性，患在不能顺之尔；莫成于命，患在不能信之尔。不能推，故人物内外不能一也；不能顺，故死生昼夜不能通也；不能信，故富贵贱贫不能安也。

事物属诸性，君子不谓之性也，必有心焉而后能治；裁制属诸心，君子不谓之心也，必有性焉然后能存。

【讲解】五峰这段话，和孟子"口之于味也，目之于色也，耳之于声也，鼻之于臭也，四肢之于安佚也，性也。有命焉，君子不谓性也。仁之于父子也，义之于君臣也，礼之于宾主也，知之于贤者也，圣人之于天道也，命也。有性焉，君子不谓命也"之说，说理结构相同。五峰以心为性之主，故而有此说法，虽与后儒定说不同，但读者以五峰之意逆五峰之志即可。

不仁则见天下之事大，而执天下之物固，故物激而怒，怒而不能消矣；感物而欲，欲而不能止矣。穷理尽性，以成吾仁，则知天下无大事，而见天下无固物，虽有怒，怒而不迁；虽有欲，欲而不淫矣。

庄周曰"伯夷死名于首阳之下"，非知伯夷者也。若伯夷可谓全其性命之情者矣，谓之"死名"，可乎？周不为一世用，以保其身可矣，而未知天下之大本也。

智不相近，虽听言而不入；信不相及，虽纳忠而不受。是故君子必慎所以言，则不招谤诽、取怨辱矣。

【讲解】此章当和《子张篇》"子夏曰：君子信而后劳其民；未信，则以为厉己也。信而后谏；未信，则以为谤己也"合看。信，是一个极为重要的概念。孟子讲"有诸己之谓信"（《尽心下》），检查并体验世间万事皆在自己身心，便能自信，也能得到他人的信。需要说明的是，"自信"是一个主谓结构短语，也可以加个字说成主谓宾结构"自信自"，自己信任自己，相信万物皆备于我心，并非今天所理解的那样是一个形容词。先不论佛家和耶教极注重"信"，可以说任何人都是靠"信"而活着，因为人有坚信，故而存此身形于世，生活和工作。

士学于文而知道，则关键节目之言未尝不三复也；君学于政而知道，则几会本原之事未尝不三令五申也。知之则因非而知是，不知则指是以为非。

人君尽下则聪明开，而万里之远亲于衽席；偏信则昏乱，而父子夫妇之间有远于万里者矣。人君欲救偏信之祸，莫先于穷理，莫要于寡欲，穷理寡欲交相发者矣。

去圣既远，天下无人师，学者必因书记语言以知理义之精微，知之则适理义之周道也，不然则为溺心志之大阱矣。

【讲解】真正的教育，在于学生得老师亲炙，并教学相长，除了义理方面的教学外，眼神、语气、肢体语言种种，都是相互理解的信息交换。没有合适的老师，只能读圣贤留下来的经典，但要会读书，把书读活。伊川先生说兄长明道先生"生千四百年之后，得不传之学于遗经"，是说孟子殁后一千四百年间，道统断绝，到了明道先生这里，从"遗经"中得到此不传之学。其实，二程子在进学最为关键的少年时代，从周濂溪那里窥得心性之学的门径，后来出入佛老，在儒门没有宗师振拔的情况下，通过对"遗经"的研习，最终得续儒门道统，从圣贤的千言万语中体贴出"天理"二字，为儒家学问开辟出一个新的境地。所谓遗经，就是儒门核心经典，即六经和后来定名的四书。世无宗师，学者如何进学？必须先知晓门径所在，看到"宗庙之美，百官之富"（这是子贡赞美孔子学问门径的话），然后转益多师，守死善道，浸润于儒门遗经，不断集义，日渐广大。

人尽其心则可与言仁矣，心穷其理则可与言性矣，性存其诚则可与言命矣。

敬则人亲之，仁则民爱之，诚则鬼神享之。

穷则独善其身，达则兼善天下者，大贤之分也；达则兼善天下，穷则兼善万世者，圣人之分也。

或问：人可胜天乎？曰：人而天则天胜，人而不天则天不胜。

学贵大成，不贵小用。大成者，参于天地之谓也；小用者，谋利计功之谓也。

人者，天地之精也，故行乎其中而莫御；五行，万物之秀气，故物为之用而莫违。

三王，正名兴利者也，故其利大而流长；五伯，假名争利者也，故其利小而流近。

形形之谓物，不形形之谓道。物拘于数而有终，道通于化而无尽。

【讲解】周濂溪《通书·动静第十六》："动而无静，静而无动，物也；动而无动，静而无静，神也。动而无动，静而无静，非不动不静也。"朱子解："有形，则滞于一偏。神则不离于形，而不囿于形矣。动中有静，静中有动。"为具体行状所束缚是物；不被外在的具体形态所局限则进入天道之域。天道本体如如不动，没有对应，是绝对的存在，与天地同流。但天道发而为万事万物则变动不居，形态各异。如果被具体形态所束缚，动时无静，静时无动，单一维度，无论是人，还是物，仍是具体的器物。若打破束缚，君子不器，发用动，而本体不动；发用静，而本体生生不息，一阴一阳，互为消息。对于没有切身体悟的人来说，阴阳动静变幻莫测，谓之神。

古之学者求天知，今之学者求人知；古之仕者行己，今之仕者求利焉尔。

卷四

一气大息，震荡无垠，海宇变动，山勃川湮，人消物尽，旧迹亡灭，是所以为鸿荒之世欤？气复而滋，万物化生，日以益众，不有以道之则乱，不有以齐之则争。敦伦理所以道之也，饬封、井所以齐之也，封、井不先定，则伦理不可得而敦。尧为天子，忧之而命舜，舜为宰臣，不能独任忧之而命禹，禹周视海内，奔走八年，辨土田肥瘠之等而定之，立井牧多寡之制而授之，定公侯伯子男之封而建之，然后五典可敷，而兆民治矣。此夏后氏之所以王天下也。后王才不出，庶物大侵小，强侵弱，智诈愚，禹之制浸隳浸紊，以至于桀，天下大乱，而成汤正之，明其等，申其制，正其封，以复大禹之旧，而人纪可修矣。此殷之所以王天下也。后王才不出，庶物大侵小，强吞弱，智诈愚，汤之制浸隳浸坏，以至于纣，天下大乱，而周武王征之，明其等，申其制，正其封，以复成汤之旧，而五教可行矣。此周之所以王天下也。后王才不出，庶物大吞小，强侵弱，智诈愚，武王之制浸隳浸乱，先变于齐，后变于鲁，大坏于秦，而仁覆天下之政亡矣。仁政既亡，有天下者汉唐之盛，其不王也，人也，非天也；其后亡，天也，非人也。噫！孰谓而今而后无继三王之才者乎？病在世儒不知王政之本，议三王之有天下不以其道，而反以亡秦为可法也。

【讲解】本章是一部标准的儒家天地人系统下的中国通史，从天地化生万物、鸿荒之世开辟讲起，言简意赅，极具概括力，王道之治的诸要素无一不备，天人之际，古今之变，既有褒善贬恶，又能资治通鉴。儒家对于历史的总结，有着通透的叙事体系，既是历史实相，又是不易之信念。司马温公作《资治通鉴》，知古镜今，义理、考据、词章兼具，而朱子不满意，专门又作《资治通鉴纲目》，用醇正的儒家历史叙事总结历史。这里面有着重大分疏，需要后学细心体会。后世研究历史，汲汲于一事一物的所谓客观，穷索不止，然而那真的是客观吗？若想通古今之变，但没有究天人之际为哲学基础，那必定是"形形之谓物，物拘于数而有终"。

圣人之应事也，如水由于地中，未有可止而不止、可行而不行者也。

有而不能无者，性之谓与？宰物不死者，心之谓与？感而无息者，诚之谓与？往而不穷者，鬼之谓与？来而不测者，神之谓与？

一往一来而无穷者，圣人之天道也；谓往而复来、来而复往者，释氏之幻教也。

或问性，曰：性也者，天地之所以立也。曰：然则孟轲氏、荀卿氏、扬雄氏之以善恶言性也，非欤？曰：性也者，天地鬼神之奥也，善不足以言之，况恶乎？或者问曰：何谓也？曰：宏闻之先君子曰："孟子所以独出诸儒之表者，以其知性也。"宏请曰：何谓也？先君子曰："孟子道性善，'善'云者，叹美之词，不与恶对。"

【讲解】道是天地之体，性是人心之体，天地所以立，阴阳所以分，善恶所以形，万事所以显，皆由此而来。五峰此言，可谓后来阳明四句教第一句"无善无恶心之体"的注脚。下文"凡天命所有而众人有之者，圣人皆有之"一章讲儒家中节之理，非常好，是区别于佛道两家的根本所在。一般学习者尤其是对佛法一知半解者，在这方面往往勘不破，常常混淆，正当于这几章细细体察。然而朱子对这一章曾反复批评，主要在于五峰引先君子胡文定的话，说性善绝对，不与"恶"相对，又说性善之"善"是叹美之词。朱子说若有一个性善之善，又有一个与"恶"相对的善，则裂善为二分。谨按：纯粹至善，无丝毫恶，是万事万物的本体，独立，绝对，没有对应。而善未至于至善，便与恶对。一如气有善有恶，但至于浩然之气，便为本性至善，不与恶对。然至善之善和善恶之善，原本一源；善恶之气和浩然之气，亦本一源。说"善"云者为叹美之词，亦不可遽以为不是。

或问："心有死生乎？"曰："无死生。"曰："然则人死，其心安在？"曰："子既知其死矣，而问安在耶？"或曰："何谓也？"曰："夫惟不死，是以知之，又何问焉？"或者未达，胡子笑曰："甚哉！子之蔽也。子无以形观心，而以心观心，则知之矣。"

【讲解】世人常以具象具形观察世间万事万物，因此有无限束缚。若能逐渐学习用心去观察，便能摆脱许多枷锁。所谓用心去观察，便需要恢宏心胸，下功夫体察喜怒哀乐未发前的气象，若有所得，然后反观万事万物，方能言此。这是儒家学问极为细微的部分。

天理、人欲，莫明辨于《春秋》。圣人教人消人欲、复天理，莫深切于《春秋》。

伯夷非绝物者也，恶不仁而已，故清而不介；柳下惠非徇俗者也，行吾敬而已，故和而不流。

大哉性乎！万理具焉，天地由此而立矣。世儒之言性者，类指一理而言尔，未有见天命之全体者也。

凡天命所有而众人有之者，圣人皆有之。人以情为有累也，圣人不去情；人以才为有害也，圣人不病才；人以欲为不善也，圣人不绝欲；人以术为伤德也，圣人不弃术；人以忧为非达也，圣人不忘忧；人以怨为非弘也，圣人不释怨。然则何以别于众人乎？圣人发而中节，而众人不中节也。中节者为是，不中节者为非；挟是而行则为正，挟非而行则为邪；正者为善，邪者为恶。而世儒乃以善恶言性，邈乎辽哉！

万物皆性所有也，圣人尽性，故无弃物。

情一流则难遏，气一动则难平；流而后遏，动而后平，是以难也。察而养之于未流，则不至于用遏矣；察而养之于未动，则不至于用平矣。是故察之有素，则虽婴于物而不惑；养之有素，则虽激于物而不悖。《易》曰："艮其背，不获其身；行其庭，不见其人，无咎。"此之谓也。

诚，天道也。人心合乎天道，则庶几于诚乎？不知天道，是冥行也。冥行者不能处己，乌能处物？处物失道而曰诚，吾未之闻也。是故明理居敬，然后诚道得。

天道至诚，故无息；人道主敬，所以求合乎天也。孔子自志学至于从心所欲不逾矩，敬道之成也。敬也者，君子之所以终身也。

【讲解】生生不息，便是天地的诚；自明己之明德，以此新民，自立立人，自达达人，便是人的诚，便是人心合乎天道。《中庸》和孟子都讲："诚身有道，不明乎善，不诚乎身矣。"明理便是明善，而居敬则是日常修习工夫，具体的做法便是戒慎恐惧，不能时刻间断。从圣人到普通的学习者，都是从居敬进入，又从居敬出来，从头到尾只是一个"敬"字。居敬，虽是圣人所讲大义，但把这二字专门拈提出来作为儒家的学习方法，是二程子。

义理，群生之性也，义行而理明，则群生归仰矣；敬爱，兆民之心也，敬立而爱施，则人心诚服矣；感应，鬼神之情性也，诚则能动，而鬼神来格矣。

【讲解】儒家讲感应，一呼一吸，一问一答，一出一入，一进一退，都是感应。《咸》卦即是讲感应之卦，《象辞》说："咸，感也。天地感而万物化生，圣人感人心而天下和平。观其所感，而天地万物之情可见矣！"象辞说："君子以虚受人。"想和他人以及世间万物感应，使得万物皆备于我心，最重要的是"以虚"，将自己的私心杂念摈弃，平心静气，诚其意，然后去体察外界的人和事，就能感受到外界人和事的回应，非常奇妙。格是正的意思，所谓"鬼神来格"，就是感应到隐微、精妙、不可用言语思虑去描述、超越具象世界的东西，这种感应最重要的是带给人自我调整以顺应天理良知的大喜悦。感应并不是世人想象的那种感觉，而是一种生命体验。体验和想象不同。

祖考为诸侯，子孙为大夫、士。祖考为诸侯，其葬也固诸侯，其祭也亦必以诸侯，不以子孙为大夫、士而降也。子孙为大夫、士，其葬也固大夫、士，其祭也亦必以大夫、士，不以祖考为诸侯而僭也。是故杞宋之诸侯得郊，而《春秋》以诸侯葬焉，斯可见矣。

处之以义而理得，则仁不乱；临之以敬而爱行，则物不争；守之以正，行之以中，则事不悖而天下理矣。

合以义，正合也，理不得不合也。不得不合而合，天与人一矣。合不以义，苟合也，君子不为也。

为天下者必本于理义。理也者，天下之大体也；义也者，天下之大用也。理不可以不明，义不可以不精；理明然后纲纪可正，义精然后权衡可平。纲纪正，权衡平，则万事治、百姓服、四海同。夫理，天命也；义，人心也。惟天命至微，惟人心好动；微则难知，动则易乱；欲著其微，欲静其动，则莫过乎学矣。学之道，莫过乎绎孔子、孟轲之遗文。孔子定《书》，删《诗》，系《易》，作《春秋》，何区区于空言？所以上承天意，下悯斯人，故丁宁反复，三四不倦，使人知所以正心诚意、修身齐家、治国平天下之本也。孟轲氏闲先圣之道，慨然忧世，见齐梁之君，开陈理义，提世大纲，一扫东周五霸之弊，发兴衰拨乱之要。愚因其言，上稽三代，下考两汉、三国、东西晋、南北朝至于隋唐，以及五代，虽成功有小大，为政有治忽，制事有优劣，然总其大略，其兴隆也未始不由奉身以礼义，其败亡也未始不由肆志于利欲，然后知孟轲氏之言信而有征，其传圣人之道纯乎纯者也。

【讲解】本章不足四百字，堪称一篇儒学小概论，从天道讲至人道，再讲到学者修习之路径，最后略述儒学视野下的历史大势。结构完整，前后呼应，当和本卷第一章的中国小通史参看。

性定则心宰，心宰则物随。
物欲不行，则志气清明，而应变无失。
阴阳升降有道，刚柔屈伸有理，仁义进退有法。知道者可与论政，知理者可以谋事，知法者可与取人。知道者理得，知理者法得，是以君子贵知道也。
彪居正问："心无穷者也，孟子何以言尽其心？"曰："惟仁者能尽其心。"居正问为仁，曰："欲为仁，必先识仁之体。"曰："其体如何？"曰："仁之道弘大而亲切，知者可以一言尽，不知者虽设千万言亦不知也；能者可以一事举，不能者虽指千万事亦不能也。"曰："万物与我为一，可以为仁之体乎？"曰："子以六尺之躯，若何而能与万物为一？"曰："身不能与万物为一，心则能矣。"曰："人心有百病一死，天下之物有一变万生，子若何而能与之为一？"居正悚然而去，他日问曰："人之所以不仁者，以放其良心也，以放心求心，可乎？"曰："齐王见牛而不忍杀，此良心之苗裔，因利欲之间而见者也，一有见焉，操而存之，存而养之，养而充之，以至于大，大而不已，与天同矣。此心在人，其发见之端不同，要在识之而已。"

【讲解】居正的问题，在于他的着眼点在于"心与万物为一"，难免有缺漏，如果说"心与万物为一体"，则完满无余义。然而五峰说"人心有百病一死"实为指有形体的心而言，非指此身之主宰、妙应天下万变的心。他如此说或是为了以凌厉手段喝破门人的迷惘，但终究语意有漏洞。

　　皇皇天命，其无息也，体之而不息者，圣人也。是故孔子学不厌、教不倦；颜子希夫子，欲罢而不能；孟子承先圣，周旋而不舍，我知其久于仁矣。

　　礼文多者，情实必不足，君子交际宜察焉；言词巧者，临断必不善，君子选用宜察焉。

　　专好毁者，其心必不良，乌能恶不仁？

　　人事有是非，天命不囿于是非，超然于是非之表，然后能平天下之事也。或是或非，则在人矣，虽圣人不能免也，久则白。

【讲解】天命即天理。世间万事有是有非，天命乃是非的标准，则天命为大是，天命之外即非。人处世间，进退出处，一以天命为依归，这样才能平天下事。五峰说"天命不囿于是非，超然于是非之表"，是体道含糊处。

万物不同理，死生不同状，穷理然后能一贯也，知生然后能知死也。

人事之不息，天命之无息也。人生在勤，勤则身修、家齐、国治、天下平。虽然，勤于道义则刚健而日新，故身修、家齐、国治、天下平也；勤于利欲则放肆而日怠，终不能保其身矣。禹汤文武，丹朱桀纣，可以为鉴戒矣。贵为天子，富有天下，尚不能保其躬也，而况公卿大夫士庶人乎？

天下有二难：以道义服人难，难在我也；以势力服人难，难在人也。由道义而不舍，禁势力而不行，则人心服天下安。

一日之早暮，天地之始终具焉；一事之始终，鬼神之变化具焉。

【讲解】《系辞上》："原始反终，故知死生之说。"程子说："语默犹昼夜，昼夜犹生死，生死犹古今消息。"（《程氏遗书》卷第六）世间万物生生不息，周而复始，充满了生命力，就像天地一呼一吸，一开一阖，没有止息，在时间和空间上都无限，这便是天理，便是仁义。而《大学》特别强调"物有本末，事有终始"，是说学者需要知道"知止而后有定，定而后能静，静而后能安，安而后能虑，虑而后能得"这个本末、终始的顺序，方能立得志，然后格物致知，逐渐扩充，以至于能定、能静、能安、能虑，最终自家身心于天理良知有得。

察人事之变易，则知天命之流行矣。

人之生也，良知良能根于天，拘于己，汨于事，诱于物，故无所不用学也。学必习，习则熟，熟则久，久则天，天则神。天则不虑而行，神则不期而应。

【讲解】面对当时有人称自己为圣人的美誉，孔子皆不承认，只承认自己好学。学习是一个人终生的功课，无一息可以间断。学是学天理良知，习是在事事物物上实践天理良知，以至日渐熟练。孟子说："五谷者，种之美者也。苟为不熟，不如荑稗。夫仁亦在乎熟之而已矣。"熟练便能长久，与天道合二为一，就有天道阴阳不测之神妙。

孝也者，为仁之本也；仁也者，大学之本也。学者志于仁，必求所以为仁，故子游、子夏问孝，皆初学之时也。

【讲解】大学，即大人之学。《孝经》里孔子说孝是天之经，地之义，民之行，是"德之本也，教之所由生也"，"人之行莫大于孝"。《论语》里有子说孝悌是为仁之本，是继承老师之教，条理一贯。"君子务本，本立而道生。"人的学习，当然要从根本开始，那便是行孝。孝是道德、天理的根本起点。《礼记·乐记》云："礼也者，报也。"既然孝是礼之始，礼的根本是报，那孝的根本亦是报。报，就是回报。近代以来，污名化孝道的人不计其数，可没有一个人懂得孝道的根本含义，在于那是在天地间做人的基本条件，不但从天理上说，亦从人的情感方面讲，是作为一个社会的人对自己安身立命的人世间的回报，也是一个人的存在条件。

将相无异任，文武无异道，其异也，后世之人未尝学也。

"孔子十五而志于学，何学也？"曰："大学也，所以学修身齐家、治国平天下之道也。""孔子三十而立，何立也？"曰："居天下之广居，立天下之正位，行天下之大道，不退转也。""孔子四十而不惑，何不惑也？"曰："富贵不能淫，贫贱不能移，威武不能屈，卓然立乎万物之表也。""孔子五十而知天命，何知也？"曰："元亨利贞，乾之四德，行之昭明，浩然与万物同流，处之各得其分而不乱也。""孔子六十而耳顺，如何耳顺也？"曰："所过者化，所存者神，几于天矣。""孔子七十而从心所欲不逾矩，何不逾也？"曰："以其动也天故也。子贡曰：'夫子之得邦家者，所谓立之斯立，道之斯行，绥之斯来，动之斯和。'非天能如是乎？呜呼！此伏羲、神农、黄帝、尧、舜、禹、汤、文、武、周公、孔子、孟轲氏之学，立天地之经，成万物之性者也。""然则请问大学之方，可乎？"曰："致知。""请问致知。"曰："致知在格物，物不格则知不至，知不至则意不诚，意不诚则心不正，心不正而身修者，未之有也。是故学为君子者，莫大于致知。彼夫随众人耳目闻见而知者，君子不谓之知也。"

自高则必危，自满则必溢，未有高而不危，满而不溢者也。是故圣人作《易》，必以天在地下为《泰》，必以损上益下为《益》。

阳中有阴，阴中有阳，阳一阴，阴一阳，此太和之所以为道也。始万物而生之者，乾坤之元也。物正其性，万古不变，故孔子曰"成之者性"。

【讲解】《乾》卦象辞："乾道变化，各正性命，保合大和，乃利贞。"太和即天地阴阳之气的冲和，既有生生不息的动态，又有于穆不已的静态。太和即太极。一本万殊，天地间万事万物各自皆蕴涵一完整太极，而太极亦分映于万事万物之中。周濂溪《太极图说》："太极动而生阳，动极而静；静而生阴，静极复动。一动一静，互为其根；分阴分阳，两仪立焉。"万事万物皆分阴阳，然阴阳不可穷尽，每一个健康的个体都是阴阳均衡体，失去均衡，便显现出各种病态。既然是阴阳均衡体，那便是"阳中有阴，阴中有阳，阳一阴，阴一阳"。万事万物分阴分阳，一动一静，互为其根，不失其完整太极，则是正其光明本性，而此性万古不变，是万物对自身的成就。

允恭者，帝尧也；温恭者，大舜也；懿恭者，文王也；恭而安者，孔子也。克俭于家者，舜之所以美大禹也；慎乃俭德者，伊尹之所以训太甲也；恭俭惟德者，成王之所以戒百官也。

【讲解】帝尧之"允恭"，见《尧典》；大舜"温恭"，见《舜典》；文王之"懿恭"，见《无逸》；孔子之"恭而安"，见《述而篇》。"恭"源自生命之中和、身心之诚敬。诸圣皆"行己也恭"，都是人伦之至，但气象上总有些区别。其实《尚书》在描写诸圣德性上用词很不同，可见诸圣固然心同理同，但绝非千圣一面。此章不妨与阳明和门人论诸圣的一段话同看。圣人纯乎天理，五峰总结的是诸圣气象上的不同，阳明着眼的是诸圣才力上的差异，而阳明所言正是"五十知天命"这句话里的"天命"之义。阳明的话虽长，极透彻，故不惮全录。《传习录上》：希渊问："圣人可学而至。然伯夷、伊尹于孔子才力终不同，其同谓之圣者安在？"先生曰："圣人之所以为圣，只是其心纯乎天理，而无人欲之杂。犹精金之所以为精，但以其成色足而无铜铅之杂也。人到纯乎天理方是圣，金到足色方是精。然圣人之才力，亦是大小不同，犹金之分两有轻重。尧、舜犹万镒，文王、孔子有九千镒，禹、汤、武王犹七八千镒，伯夷、伊尹犹四五千镒：才力不同而纯乎天理则同，皆可谓之圣人；犹分两虽不同，而足色则同，皆可谓之精金。以五千镒者而入于万镒之中，其足色同也；以夷、尹而厕之尧、孔之间，其纯乎天理同也。盖所以为精金者，在足色而不在分两；所以为圣者，在纯乎天理而不在才力也。故虽凡人而肯为学，使此心纯乎天理，则亦可为圣人；犹一两之金比之万镒，分两虽悬绝，而其到足色处可以无愧，故曰：'人皆可以为尧、舜'者以此。学者学圣人，不过是去人欲而存天理耳，犹炼金而求其足色。金之成色所争不多，则锻炼之工省而功易成，成色愈下则锻炼愈难；人之气质清浊粹驳，有中人以上，中人以下，其于道有生知安行，学知利行，其下者必须人一己百，人十己千，及其成功则一。后世不知作圣之本是纯乎天理，却专去知识才能上求圣人。以为圣人无所不知，无所不能，我须是将圣人许多知识才能逐一理会始得。故不务去天理上着工夫，徒弊精竭力，从册子上钻研，名物上考索，形迹上比拟，知识愈广而人欲愈滋，才力愈多，而天理愈蔽。正如见人有万镒精金，不务锻炼成色，求无愧于彼之精纯，而乃妄希分两，务同彼之万镒，锡铅铜铁杂然而投，分两愈增而成色愈下，既其梢末，无复有金矣。"时曰仁在旁，曰："先生此喻足以破世儒支离之惑，大有功于后学。"先生又曰："吾辈用功只求日减，不求日增。减得一分人欲，便是复得一分天理；何等轻快脱洒！何等简易！"

陈文子之时，天下无王，政自诸侯出，诸侯又不自为政，政自大夫出，滔滔者天下皆是也。仁者处斯世，必思有以易天下，因污隆而起变化，无可无不可也。陈文子则不然，乃几至无所容其身，则可谓有知乎？故孔子曰："未知，焉得仁？"春秋之时，天下无王，楚，古之建国也，子文辅佐楚成，曾不知"首出庶物"之义，安于僭窃，以荆楚而侵陵诸夏，与齐桓、宋襄、晋文争衡，务强大以济其私欲而已，则可谓有知乎？故孔子曰："未知，焉得仁？"

【讲解】《乾》象辞："首出庶物，万国咸宁。"庶，众多；庶物，万事万物。《乾》卦即天道，纯阳之性，天高地阔，超迈不群，具有无限的动力。《乾》变化无穷，赋予天下万物各自的光明本性，生成天下万事万物，万国莫不安宁祥和，充满生机。"首出庶物"即顺应天地生机，调谐天下归于秩序之义。施政者根据时势治国理政，而其哲学基础当有此内涵。

春秋之时，周平不天，礼乐征伐自诸侯出，既而诸侯不自为政，礼乐征伐自大夫出。夫能出礼乐征伐者，皆天下之贤诸侯、贤大夫也。子继厥父，孙继厥祖，自以为能子能孙，人亦以为孝悌之人矣，曾不察其所行动皆犯上之事，陵夷至于作乱而不自知，未有一人能承天命、由仁义行者也。故有子本仁而言，以正一世之失，其旨深且远矣。此孔子《春秋》之所以作也。

【讲解】先儒讨论历史，尤其是研判先秦史，寓意很深，今天的学习者不能因为距今邈远就忽略过去。究天人之际必须从王道时代开始，方能真正通古今之变。西周变而为东周，进入春秋时期，是王道时代的衰落，在儒家历史观中，是一个将历史截断为二分的转折点。而儒家的政统、学统、道统与时代并行，既是时代的参与者和承担者，也是时代的观察者和书写者，奠定了儒家学问的根基和精神。在时间关怀上，六经大体起于伏羲、神农时代，结于两周时期，便是儒家对天道和人道的担当，意义极为重大。因此，那个时代的历史看似悠远，实为天理的彰显、人道的成就，皆在我身心中。通晓彼时的天人之际，天不变道亦不变，便能跨越时间束缚，洞察今天。孟子总结说："王者之迹熄而《诗》亡，《诗》亡然后《春秋》作。"《诗经》为何而编，《春秋》为何而作，须从这个视野去看，才能胸涵千古。

仁者临机发用而后见，不可预指，故季路、冉有、公西华之仁，孔子不得而言也。孟武伯不知仁，故又问，孔子各以其材答之。夫学于圣门者，皆以为仁为本，三子者今之所能若是，后日之进未已也。其进未已，虽圣人安得而预言之？故孔子曰"不知其仁"。

赵幼翁言学，胡子曰："学道者正如学射，才持弓矢，必先知的，然后可以积习而求中的矣。若射者不求知的，不求中的，则何用持弓矢以射为？列圣诸经，千言万语，必有大体，必有要妙。人自少而有志，尚恐夺于世念，日月蹉跎，终身不见也。若志不在于的，苟欲玩其辞而已，是谓口耳之学，曾何足云！夫滞情于章句之末，固远胜于博弈戏豫者矣，特以一斑自喜，何其小也！何不志于大体，以求要妙？譬如游山，必上东岱，至于绝顶，坐使天下高峰远岫、卷阿大泽悉来献状，岂不伟欤？"幼翁曰："我习'敬以直内'，可乎？"胡子曰："敬者，圣门用功之妙道也。然《坤》卦之义与《乾》相蒙，'敬以直内'者，'终之'之方也，苟知不先至，则不知所终。譬如将适一所，而路有多岐，莫知所适，则敬不得施，内无主矣，内无主而应事物，则未有能审事物之轻重者也。故学圣人之道者，必先致知，及超然有所见，乃力行以终之，终之之妙，则在其人，他人不得而与也。"

人心应万物，如水照万象。应物有诚妄，当其可之谓诚，失其宜之谓妄。物象有形影，实而可用之谓形，空而不可用之谓影。儒者之教践形，释氏之教逐影，影不能离乎形者也。是故听其言则是，稽其行则非。唯高明笃实之君子乃知释氏之妄，大有害于人心。圣王复起，必不弃中华之人使入于异端也。

卷五

复义为信，不复义为罔；践理为信，不践理为罔。

【讲解】《学而篇》："有子曰：信近于义，言可复也；恭近于礼，远耻辱也。"程子说："信本不及义，恭本不及礼，然信近于义者，以言可复也。"（《程氏遗书》卷第八）复，践行；罔，不直。能践行自己的言语，能践行万事万物之宜、之理，便是信。前面讲过，这个信，既是自信，也是他人之信。顺乎天理良知，知行合一，言行一致，自然就会心中坦荡，行事果决，这就是自信，且诚意所致，也容易取得他人的信任。

唐文宗读书，耻为凡主，及不能行其政令，而饮醇酒求醉，是自弃者也。若愤悱自强，乾乾惕厉，广求贤圣以自辅，则可以有为于天下矣。

唐文宗曰："宰相荐人，当不问疏戚，若亲故果才，避嫌而弃之，亦不为公。"诚哉是言也！

小人得用，则民志不定。

上侈靡而细民皆衣帛食肉，此饥寒之所由生，盗贼之所由作也。天下如是，上不知禁，又益甚焉，然而不亡者，未之有也。

事有大变，时有大宜；通其变然后可为也，务其宜然后有功也。

胡子假陆贾对汉高曰：陆贾为汉高帝大中大夫时，时前说称引《诗》《书》，帝骂曰："乃公居马上得之，安事《诗》《书》！"贾再拜对曰："臣窃以陛下马上之功，不如项王也。"上曰："何谓不如？"对曰："天下初发难时，秦军常乘胜逐北，项王独破秦军，虏王离，慑服诸侯，降章邯及欣翳，西攻破函谷，东击死田荣，蹙汉军于谷、泗，困陛下于荥阳、成皋，七十余战未尝败北。陛下失太公于彭城，亡众于荥阳，跳身于玉门，中伏弩于广武，勇不振于鸿沟。既及羽于固陵，必待信、越而后敢战。此臣所谓不如也。"上曰："是则然矣。而我得天下，项王失天下者，何也？"贾对曰："项王失信弑君，意忌听谗，行姑息，乐杀人，殖货利，犯圣王之法，此其所以失天下也。陛下本以宽大长者，受怀王入关之命，为天下除残贼，所过亡卤掠，赦秦降王子婴，财物无所取，妇女无所幸，约法三章，父老惟恐陛下不为秦王，此三代得天下之仁也。项羽负约，王陛下于蜀汉，陛下忍而就国，用萧何为丞相，养其民，以致贤人，收用巴蜀，还定三秦；项羽贼杀义帝，陛下举军缟素，告诸侯而伐之，此三代取天下之义也。不龌龊自用，多大略，得英雄心，师张良，任陈平，将韩信。此尧、舜、禹、汤、文、武知人之明也；以野战略地之功譬狗，以文墨议论之功为人，此尧、舜、禹、汤、文、武尚德不尚战之心也。镇抚百姓，下令军士不幸死者，吏为衣衾棺敛，转送其家，此尧、舜、禹、汤、文、武哀鳏寡、恤孤独之政也。此五者，陛下所以得天下，成大汉磐石之基，非欤？马上一时之功，乃河汉之波澜起伏耳。"上欣然而笑曰："生言起吾意，殊非腐儒之论。吾欲治天下，法先圣，何若而可？"贾再拜，对曰："陛下及此言，天下之福也。天下法制，自周幽、厉扫荡几尽，平、庄之后浸微浸盛，五霸假托仁义以自封殖，志不在于斯民。至于七雄，益以战争强大为务。秦据形胜，以利诱民，斗取一时之胜，而不知其胜为侥幸也，遂安而行之，居十三岁天下争起而亡之矣。愿陛下退叔孙通，聘鲁二生，使与张良、四皓及如臣者共论所以承三代之宜，定一代大典，以幸天下，以诏子孙，以传万世。"上曰："善！然吾老矣，不能用也。"明年丙午夏四月甲辰，帝崩于长乐宫。寥寥千余岁，未有能明汉家承三代之宜者也，又何论承汉家之宜乎？大宋癸酉岁（绍兴二十三年，1153年，五峰四十九岁），有士叹曰：呜呼！天乎？使陆生有是对，而汉祖用其言，则必六宫有制，嫡庶有辨，教养子弟有法，后夫人嫔妇各得其所矣，又安有戚夫人为人彘，张美人以恨死，赵王如意以鸩死，淮阳王友以饿死，梁王恢以杀死，燕王建绝嗣，山朝武强不疑，几于乱姓之事哉？又安有审食其入于死诛不赦之罪，而吕氏至于族灭，后世世有外戚之祸哉？则必制国有法，荆王贾、楚王交、代王喜、齐王肥不封数十县，而伏羲、神农、黄帝、尧、舜、禹、汤、文、武以及皋陶、伊、傅、周、召之裔得血食矣；则必体貌大臣，韩信、彭越之夷三族可悔，萧相国不系狱，黥布、陈豨、韩王信、卢绾不背叛矣；则必不袭秦，故尊君抑臣，而朝廷之上制礼以道，谦尊而光，乾刚下充，臣道上行，致天道于交泰，而大臣可以托天下，委六尺之孤矣；则必封建诸侯，藩垣屏翰，根深蒂固，难于崩陷，可以正中国四夷之分，不至畏匈奴与之和亲，而手足倒置矣；则必复井田之制，不致后世三十税一，近于貊道，富者连田阡陌，僭拟公侯，而贫民冤苦失职矣；则必用灵制五刑,使好生之德洽于黎民,不下三大赦,以启后世惠奸宄、贼良民之原矣;则必侍御仆从,罔匪正人,有疾病,不枕宦者卧,临弃天下,公卿大臣受顾命,妇寺不能与,而大正其终矣;则必兼用仲尼立嫡与贤之法,嗣天子继离之明,行乾之健,不受制于母后,日饮为淫乐,不听政矣。呜呼!天道往而必返,三代之盛,其有终不复者乎?

胡子假汉高听贾言,征鲁二生,曰:帝于是因张良以问四皓,四皓曰:"吾志其道,未传其业,盍征鲁二生?"乃命鲁郡守以礼征之,二生曰:"上素轻儒,好嫚骂,吾不忍见也。"太守以闻,帝曰:"吾所骂者,腐儒耳。"则命大臣以玉帛聘焉,二生曰:"上以布衣,提三尺,用天下豪杰,取天下。今天下已定矣,安用儒生?"坚卧不起。使者复命,上即日车驾见之,二生见曰:"陛下已定天下矣,尚安求士?"上曰:"定天下者,一时之事尔,吾欲与生谋万世之业。"二生再拜稽首,曰:"陛下真天下之君也!"上命副车载归未央宫,东乡坐而师,问焉。上曰:"吾生战国之末,不闻二帝三王之道,愿生以教我。"二生对曰:"天下之道有三:大本也,大几也,大法也,此圣人事,非常人所知也。"上曰:"何谓也?"二生对曰:"大本,一心也;大几,万变也;大法,三纲也。此圣人事,非常人所知也。"上曰:"何谓也?"二生对曰:"陛下明达广大,爱人喜施,有长人之本矣;知人,好谋,能听,得应变之几矣;项王弑君,举军缟素,布告天下而伐之,知提纲之法矣。'维天之命,于穆不已。'王者法天心不可怠放,怠则应变必失其几,放则三纲不得其正,几一失则事难定,纲不正则乱易生。陛下已定天下矣,其亦少息矣乎?放者其不可收矣乎?"上不觉促膝而前,曰："生何谓也？"二生对曰："王者，法天以行其政者也，法天之道必先知天，知天之道必先识心，识心之道必先识心之性情，欲识心之性情，察诸乾行而已矣。"上曰："生言甚大，愿明以教我。"二生对曰："乾元统天，健而无息，大明终始，四时不忒，云行雨施，万物生焉。察乎是则天心可识矣。是心也，陛下怠之则放，放之则死，死则不能应变投几，而大法遂不举矣。臣子可以乘间而谋逆，妾妇可以乘间而犯顺，夷狄可以乘间而抗衡矣。后嗣虽有贤明之君，亦终不能致大治矣。"上曰："何为而然？"二生对曰："本不正也。陛下不见大本乎？本充本完，故能与天地阴阳相应，枝叶茂盛，华秋而实美焉。本一病，则蠹生其中，虽天覆之，地载之，阴阳承之，而枝叶不能茂，华实不能美矣。"上曰："我知之矣，愿闻所以行之。"二生对曰："法始于伏羲、神农，大乎轩辕，成乎尧、舜，损益于禹、汤、文、武。夏之亡，非大禹之法不善也，桀弃法而亡也；商之亡，非成汤之法不善也，纣弃法而亡也；周之亡，非文、武之法不善也，幽、厉弃法而亡也。秦则不然，创之非法、守之非法而亡也。天下初定，革弊起度，今其时矣。臣愿陛下勇于法天心，大明其用于政事，以新天下。"上曰："吾愿闻其目。"对曰："历世圣帝明王应天受命之大法，小臣其敢专席而议？愿陛下与天下共之！"上曰："善！"于是诏天下，搜扬岩穴之士焉。

【讲解】前面多次谈过，儒家在世间的践履，用礼、乐、刑、政四字概括殆尽，四个字前后呼应，融为一体，以天理、仁义为归旨。历代儒者的理想，便是"致君尧舜上，再使风俗淳"（杜甫《奉赠韦左丞丈二十二韵》）。而在世人乃至时君看来，常常觉得迂腐，不合时宜。然而儒者体验得天理如此，发而为礼乐刑政，便没有丝毫迁就的余地。华夏文明能延续数千年，郁郁苍苍，正是因为有历代儒者的坚持和纠偏。岁月宛如驾马奔驰，儒者之理想和坚持一似缰绳，即便骏马会时不时横斜迂曲，而大体仍在康庄大道之内。这两章五峰假设了两个历史场景，阐发自己如果得君后治天下所遵循的大根大本。程子说："读史须见圣贤所存治乱之机，贤人君子出处进退，便是格物。今人只将他见成底事便做是使，不知煞有误人处。"（《程氏遗书》卷第十九）将读史和格物合一，道器兼备。

胡子谓孙正蒙曰："天命之谓性"，流行发见于日用之间，患在学道者未见全体。窥见一斑半点，而执认己意，以为至诚之道如是。如是欲发而中节，与天地相似也，难矣哉！求免斯弊者，舍讲学其可乎？

田叔悉烧梁狱词，空手来见，可谓善处人子母兄弟之间者也。汉景，忌刻之君也，而能贤田叔，有过人之聪明、越人之度量者，何欤？以太后在上，不敢肆故也。天理存亡，在敬、肆之间耳。孔子作《春秋》，必记灾异，警乎人君，万世不死也。

【讲解】田叔的事，见《史记》卷一百四《田叔列传》，《汉书》卷三十七《田叔传》大体同。田叔奉命去调查汉景帝弟弟梁孝王谋反案，"具得其事"，查实以后复命，他却请求景帝放弃追究，景帝问何故，他说："今梁王不伏诛，是汉法不行也；如其伏法，而太后食不甘味，卧不安席，此忧在陛下也。"景帝大贤之，任命他为鲁相。司马迁因此赞扬田叔"明主之美以救过"。景帝因有母亲窦太后约束，不能肆逞己私，常存敬意。五峰之意，存天理遏人欲的具体工夫是"敬"，而灭天理荡人欲的原因是"肆"。孟子引孔子的话"操则存，舍则亡"（《告子上》），即此义。

汉文之顾命曰："朕不敏，无以佐百姓，常畏过行，惟年久长，惧于不终。"此乾之健、天行之所以无息也，此尧、舜、禹、汤、文、武之心所以万世不灭也。孔子《春秋》不书祥瑞者，惧人君之自满，自满则止，失此心矣。

汉景以郅都、宁成为中尉，以严酷治宗室贵戚，人人惴恐。夫亲亲尊尊之道，必选天下有节行贤德之人为之师傅，为之交游，则将有大人君子可为天下用，何有忧其犯法耶？治百姓亦然，修崇学校，所以教也，刑以助教而已，非为治之正法也。

周亚夫、霍光不学，不知道，能进不能退，杀身亡宗，是功名富贵误之也。知道者屈伸通变，与天地相似，功名富贵何足以病之？张子房进于是矣。

"人皆生于父，父道本乎天，谓人皆天之子，可乎？"曰："不可。天道至大至正者也，王者至大至正，奉行天道，乃可谓之天之子也。"

昔周公作谥法，岂使子议父、臣议君哉？合天下之公，奉君父以天道耳，孝爱不亦深乎？所以训后世为君父者以立身之本也。知本则身立、家齐、国治、天下平，不知本则纵欲恣暴，恶闻其过，入于灭亡，天下知之而不自知也，唯其私而已。是故不合天下之公，则为子议父、臣议君。夫臣子也，君父有不善，所当陈善闭邪，引之当道。若生不能正，既亡而又党之，是不以天道奉君父而以人道事君父也，谓之忠孝可乎？今夫以笔写神者，必欲其肖，不肖吾父则非吾父，不肖吾君则非吾君，奈何以谥立神而不肖之乎？是故不正之谥，忠臣孝子不忍为也。

知《易》，知《春秋》，然后知圣人经纶之业，一目全牛，万隙开也。

孟子曰："万物皆备于我矣，反身而诚，乐莫大焉。"自孟子而后，天下之人能立身、建功、就事者，其言其行岂不能有合于道？然求如孟子知性者，不可得也。

大本正，然后可以保国、一天下。

人通于道，不死于事者，可与语尽心之道矣。

诚，天命；中，天性；仁，天心。理性以立命，唯仁者能之。委于命者失天心，失天心者兴用废。理其性者天心存，天心存者废用兴，达乎是然后知大君之不可以不仁也。

养天下而享天下之谓君，先天下而后天下之谓君，反是者，有国危国，有天下危天下。

欲修身平天下者，必先知天；欲知天者，必先识心；欲识心者，必先识乾。乾者，天之性情也。"乾道变化，各正性命"，命之所以不已，性之所以不一，物之所以万殊也。万物之性，动植、小大、高下，各有分焉，循其性而不以欲乱之，则无一物不得其所，非知道者孰能识之？是故圣人顺万物之性，惇五典，庸五礼，章五服，用五刑，贤愚有别，亲疏有伦，贵贱有序，高下有等，轻重有权，体万物而昭明之，各当其用，一物不遗，圣人之教可谓至矣。

释氏隐不知奉天,显不能理物,窃弄神鬼之机以自利者也。

君子居敬,所以精义也;理于义,所以和顺于道德也。盛德大业,至矣哉!

一阴一阳之谓道,道谓何也?谓太极也。阴阳刚柔,显极之几,至善以微,孟子所谓"可欲"者也。

【讲解】"可欲"之义,卷一曾详细讲过,这里再稍微扩充一下。《孟子·尽心下》:"可欲之谓善,有诸己之谓信,充实之谓美,充实而有光辉之谓大,大而化之之谓圣,圣而不可知之之谓神。"五峰的学生张南轩后来解释说:"可欲者,动之端也。盖人具天地之性,仁义礼智之所存,其发见则为恻隐、羞恶、辞逊、是非,所谓可欲也。以其渊源纯粹,故谓之善。盖于此无恶之可萌也。至于为不善者,是则知诱物化,动于血气,有以使之,而失其正,非其所可欲者矣。故信者信此而已,美者美此而已,大则充此而有光辉也,化则为圣而其不可知则神也。至于圣与神,其体亦不外此而已。"(《孟子说》卷七)而朱子则说:"天下之理,其善者必可欲,其恶者必可恶。"南轩之意显然更精密,理路清晰,并将孟子之言前后贯通。"子张问善人之道,子曰:不践迹,亦不入于室。"(《先进篇》)四端之心,渊源纯粹,人人生来皆有,即便为物欲所暂时遮蔽或遏制,但人对道德的需求和追求,终究无法湮灭,常在不经意间沛然而出,这便是"可欲之谓善"。然而四端必须在身心上扩充、在世事上践履,才能渐渐至于仁义纯熟。但只是四端之心,不去扩充,虽不会践于已往旧迹,也不会蹈于恶,但因为不知扩充之理,昧于学习之方法,终究不能于大人之学登堂入室。所以南轩说"可欲者动之端也",正说明可欲之四端之心,正处于一个阴阳、刚柔的转折点,不学不行便只是一个善人,勉而进学则能进于圣人至善之门,这种隐微而微妙的状态,正是"几"。因此《系辞下》说:"几者,动之微,吉之先见者也。君子见几而作,不俟终日。"故而君子需要"极深而研几"(《系辞上》)。这里"几"当写作"幾"才好。

天成象而地成形,万古不变,仁行乎其中,万物育而大业生矣。

【讲解】仁者,人也。这一章刚好讲明了天地人三才完备,世间万物各归其位,而儒者"修道之谓教"的大业因此而生。

人之道,奉天而理物者也。自天子达于庶人,道无二也。得其道者,在身身泰,在家家泰,在国国泰,在天下天下泰,失其道则否矣。人道否,则夷狄强,禽兽多,草木蕃而天下墟矣。
奉天而理物,儒者之大业也。圣人谓天为帝者,明其心也。

【讲解】奉天而理物,是将天道贯彻于世间,这是儒者的根本大业。这一句可释上面"万物育而大业生"。

卦之必重何也?天道然也。天道何为而然乎?太极动则重矣。天道无息，故未尝不重也。非深知天地之几者，孰能识之？

【讲解】古人讲文王重卦，五峰以天道贯通重卦的原理。其实，伏羲画卦，孔子系辞，莫非天道无息而然，是天地之几。

伊尹、孔明救天下之心非不切也，然必待三聘三顾然后起而从之者，践坤顺也。

柳下惠不以三公易其介，介所守也。进不隐贤，必以其道，此其所以和而不流欤？在柳下惠则和而不流，惟其圣于和而已，故其弊必至于不恭。

或问曰，杨子曰："贵戚之卿无可去之道，而微子去之，何也？"曰："此微子之所以顺乎天也，不如是，周武王不足为至德。《诗》曰：'绳其祖武，受天之祜。'此之谓也。"

天者，道之总名；子者，男子之美称也。人君行大道，为天下男子之冠，则可谓之天子矣。

【讲解】黄帝、尧、舜都被尊为天子，而周朝将天子作为正式称号，含王道之义，接通天道和人道，即《理想国》中讨论的哲学王。

天下有三大：大本也，大几也，大法也。大本，一心也；大几，万变也；大法，三纲也。有大本然后可以有天下，见大几然后可以取天下，行大法然后可以理天下。是故君先以天下自任，则皇天上帝畀付以天下矣；君以从古列圣之盛德大业自期，则天下仁人争辅之矣；君以保养天下为事而不自奉养，则天下黎民趋戴之矣。上得天心，中得圣贤心，下得兆民心，夫是之谓一心，心一而天下一矣。天下之变无穷也，其大几有四：一曰救弊之几，二曰用人之几，三曰应敌之几，四曰行师之几；几之来也，变动不测，莫可先图，必寂然不动，然后能应也。其大法有三：一曰君臣之法，二曰父子之法，三曰夫妇之法；夫妇有法然后家道正，父子有法然后人道久，君臣有法然后天地泰；天地泰者，礼乐之所以兴也，礼乐兴，然后赏罚中而庶民安矣。

【讲解】一个儒者开始用果决的语言概括天下事，往往是他学问精粹所在，是学有所得后的立言，他也会涵泳往复，揆诸圣贤经典，以求立言无弊。儒家特讲通变，后学若以过时或不过时之类眼光去看待，既是诬古人，亦是自诬。儒门学问力求与圣贤同心同德，其具体节目措施或不乏变通处，而其学问之精神则恒久不变。

有实而后有名者也。实如是，故名如是；实如是，而名不如是，则名实乱矣。名实乱于上，则下莫知所从，而危亡至矣。

【讲解】被《史记·滑稽列传》称作"长不满七尺，滑稽多辩，数使诸侯，未尝屈辱"的淳于髡曾经问过孟子名实问题，孟子的回答，一切以"仁"为归旨。这个道理，得诸孔子："君子去仁，恶乎成名？"他还说："君子疾没世而名不称焉。"君子临死还担心自己的名声和己仁不能相称。五峰说的"有实"的"实"便是仁，而不是其他的什么技艺才能。因此，达巷党人虽然赞扬孔子"大哉"，却接着说他"博学而无所成名"，孔子便不以为然。君子具备仁德，如果出来治国理政，便需要相应的名。名和实不能相配，则不能成事，因此古之君子格外爱惜名声。子路问孔子如果到卫国理政，首要做的是什么，孔子答曰："必也正名乎！"此时子路难免有世俗的眼光，觉得孔子的话迂腐，孔子于是把名实相称和治理国家连贯起来讲，非常通透："名不正，则言不顺；言不顺，则事不成；事不成，则礼乐不兴；礼乐不兴，则刑罚不中；刑罚不中，则民无所错手足。故君子名之必可言也，言之必可行也。君子于其言，无所苟而已矣。"

　　人皆谓人生则有知者也。夫人皆生而无知，能亲师取友，然后有知者也。是故知危者然后可与图安也，知亡者然后可与图存也，知乱者然后可与图治也。以楚子文之忠，孔子犹曰："未知，焉得仁？"大哉知乎！天下万事莫先乎知矣，是以君子必先致其知。

　　人君刚健，中正，纯粹，首出庶物者也；人臣柔顺，利贞，顺承乎天，而时行者也。

　　制井田所以制国也，制侯国所以制王畿也。王畿安强，万国亲附，所以保卫中夏，禁御四夷也。先王建万国、亲诸侯，高城深池遍天下，四夷虽虎猛狼贪，安得肆其欲而逞其志乎？此先王为万世虑，御四夷之上策也。王公设险以守其国，孔子之所以书于习坎之象也；城郭沟池以为固，孔子之所以答言偃之问也。自秦而降，郡县天下，中原世有边鄙之祸矣，悲夫！

　　"无怠无荒"者，二帝待四夷之上策也。

　　【讲解】《大禹谟》："无怠无荒，四夷来王。"孔传：

"言天子常戒慎，无怠惰荒废，则四夷归往之。"岂止外事如此，内政亦然。孟子说："苟行王政，四海之内皆举首而望之，欲以为君。"（《滕文公下》）圣王唯有"无怠无荒"，王政方能行。而只是追求军事力量，是"大罪也"，"国君好仁，天下无敌焉。南面而征，北狄怨；东面而征，西夷怨。曰：'奚为后我？'"（《尽心下》）放眼今日寰宇，仍极有意义。

卷六

《易》《诗》《书》《春秋》，今有其名耳，其道未尝知也；知之，然后德进业修，而其道可行矣。公卿大夫士，今有其名耳，其位未尝定也；位定，然后才可尽、职可修，而天下可理矣。《易》《诗》《书》《春秋》者，圣人之道也。圣人之道若何？曰：圣人者，以一人理亿兆人之德性，息其争夺，遂其生养者也。天地，圣人之父母也；圣人，天地之子也。有父母则有子矣，有子则有父母矣。此万物之所以著见，道之所以名也。非圣人能名道也，有是道则有是名也，圣人指名其体曰性，指名其用曰心。性不能不动，动则心矣。圣人传心，教天下以仁也。

诚者，天之道也，心涵造化之妙，则万物毕应。彼夫怀之以恩，令之以义，惮之以威，结之以信者，末矣。《易》曰"云从龙，风从虎"，此之谓也。

【讲解】内修仁义，便能以诚怀之恩，以诚令之义，以诚惮之威，以诚结之信。诚，是《大学》和《中庸》的核心概念之一。作为"天之道"，"至诚无息"，诚是本体；"诚其意"，诚是工夫。程子特别拈提孔子常讲的敬，加上曾子、子思专讲的诚，合并为"诚敬"二字，作为具体的修习工夫，儒门的教育宗旨和教育方法至此完备。《中庸》"诚者非自成己而已也，所以成物也。成己，仁也；成物，知也。性之德也，合外内之道也，故时措之宜也"讲得最清晰透彻。诚便是自立立人，自达达人。自立、自达，即自明明德，是智；立人、达人，即新民，是仁。"不诚无物"，如果一个人没有诚，世界便对他没有意义。阳明先生"你看此花时"公案，是讲诚与不诚的极佳例子。"诚者，物之终始"，诚其意的方向是至诚无息，初学者需要由诚入，在事事物物上诚其意，到了圣人地步，则由诚出，他的整个身心莫不是诚，从心所欲不逾"诚"之规矩，事事物物上都能至诚无息。儒家的学习，不讲所谓的境界高低、扬眉瞬目、顿悟渐悟、一了百了这些，只是时时诚敬即可，由不熟练的诚敬，逐渐进入熟练的诚敬，踏踏实实，一步一个脚印，如此而已。

人君不可不知乾道，不知乾道，是不知君道也。君道如何？曰：天行健。人君不可顷刻忘其君天下之心也，如天之行，一息或不继，则天道坏矣。

均是人也，有一人而生养千万人者，有千万人而生养于一人者。《大易》天火之卦，六二中正之人也，九五亦中正之人也，一人而同于一人，孔子曰："二人同心，其利断金。"不言五失君道，不同于天下者，是一人者所赖以生养天下，同天下之本也。故孔子曰："同心之言，其臭如兰。"尧之于舜，舜之于禹，禹之于益，成汤之于伊尹，高宗之于傅说，武王之于周公，仲尼之于颜回，先主之于武侯是也。虽然，二柔者也，故有私昵之戒。

【讲解】《同人》乾上离下，即天火之卦，象辞说："柔得位得中而应乎乾。"是说六二爻为全卦唯一的阴爻，即"柔"，却是下卦之主，象征臣位，既得正位，亦得中道，求应于上乾卦之主位九五爻，九五刚健，象征君位。所谓君臣关系，也就是上下关系，未必要坐实。卦辞"同人于野"，野外开阔冲远，天地四合，如人心之廓然大公。六二爻和九五爻以大公相呼应，志同道合，此心同，此理同，因此全卦"文明以健，中正而应，君子正也"（象辞），乃"君子以类族辨物"之象。程子说，君子以善恶、是非、物情离合、事理异同来辨别同类，呼应同道。因此孔子在《系辞》里说"二人同心，其利断金"，且"同心之言，其臭如兰"。五峰列举许多古圣先贤的相知相遇来阐明此义。

君者，天之道也；臣者，地之道也。君道必谦恭尽下，则臣可以上纳其忠，是故天下地上而为《泰》，天上地下而为《否》。成象之谓乾，效法之谓坤。君意不先动而臣先之，是谓失道，道失于初，求欲有终，难矣。故知道之臣，宁有死于其分，而无犯分以徼功也。

古者举士于乡，自十年出就外傅，学于家塾州序，其学者何事也？曰：六礼也，七教也，八政也。书其资性近道，才行合理，乡老乡吏会合乡人，于春秋之祭祀鬼神而书之者也。三岁大比，乡老乡吏及乡大夫审其性之不悖于道也，行之不反于理也，质其书之先后无变也，乃入其书于司徒，谓之选士。选士学于乡校，其书之如州序，三岁大比，乡大夫及司徒审之如初，乃入其书于乐正，谓之俊士。俊士入国学，春秋教以《礼》《乐》，冬夏教以《诗》《书》，以上观古道。乐正官属以时，校其业之精否而勉励之，三岁大比，乐正升其精者于王，谓之进士。王命家宰会天下之进士，论其资性才行学业，某可以为卿欤，某可以为大夫欤，某可以为士欤，卿阙则以可以为卿者补之，大夫阙则以可以为大夫者补之，士有阙则以可以为士者补之，三年一考其绩，三考黜其不职，陟其有功者。是故朝无幸官，野无遗贤，毁誉不行，善恶不眩，德之大小当其位，才之高下当其职，人务自修而不侥幸于上，人知自守而不冒昧求进，人知自重而不轻用其身，人能有耻而不苟役于利。此所以仕路清、政事治、风俗美、天下安宁，四夷慕义，而疆场不耸也。后之取士反此。

分天下有德、有功者以地，而不敢以天下自私，于是有百里、七十里、五十里，不能五十里邦国之制焉，于是有君朝、卿大夫聘、大夫小聘、王巡守述职之礼乐法度焉，于是有千雉、百雉，三之一、五之一、九之一之高城深池焉，于是有井邑、丘甸、县都之夫数焉，于是有十乘、百乘、千乘、万乘之车数焉，于是有伍两、卒旅、师军之制焉，于是有卿大夫、司徒、乐正取士之法焉。邦国之制废而郡县之制作矣，郡县之制作而世袭之制亡矣，世袭之制亡而数易之弊生矣，数易之弊生而民无定制矣，巡守述职之礼废上下之情不通，考文案而不究事实，信文案而不任仁贤，其弊有不可胜言者矣。城池之制废，而禁御暴客、威服四夷之法亡矣，夫家之法废则民数不可详矣，民数不可详而车乘不可出矣，车乘不可出而军师不隐于农矣，军师不隐于农坐食者众而公私困穷矣。

【讲解】这一章开头所谓"古者",即三代之时。那时培养人才的设计,完全符合今天讲的儿童心理学和教育心理学。《传习录上》:"唐、虞以上之治,后世不可复也,略之可也;三代以下之治,后世不可法也,削之可也;惟三代之治可行。然而世之论三代者不明其本,而徒事其末,则亦不可复矣!"

　　学即行也,非礼勿视、听、言、动,学也,行之也;行之行之而又行之,习也。习之不已,理与神会,能无悦乎?学行之,上也;知之,次也;教人,又其次也。是以识前言往行,为学而已矣。扬雄何其陋之甚也!此大驳也,非小疵也。

【讲解】这一章讲论学和习,简明扼要。五峰之前程子说:"学者,将以行之也。时习之,则所学者在我。"五峰之后朱子说:"学之为言效也。习,鸟数飞也。"学是明晓天理,习是践行天理,无穷无尽,带来的喜悦也无穷尽,因此学习是人的头等大事,是人接通天理,让身心充满生命力的唯一途径。看一个人是否上进,要看他是否学习;看一个国家民族是否有希望,要看那是否一个学习型的民族。韩愈《读荀子》:"孟氏醇乎醇者也,荀与杨大醇而小疵。"

　　七雄诸侯皆自称王,以为王欤,则土无二王,四海之内安得王而七也?以为侯欤,则地皆千余里,普天之下安得侯而七也?王非王,侯非侯,立位不正,此孔、孟之所以难仕。然而仕者将以行其正也，不可正则去矣。孔门诸子有仕大夫之家，有不仕大夫之家者，大夫之家可以仕，可以无仕者也。何谓可以仕？君臣之义不可废故也；何谓可以无仕？知其不可教故也。故冉求不能改季氏之德，孔子所以欲鸣鼓而攻之也。

"利建侯"者，文王之所以著于《屯》之象也，所以著于《豫》之象也；"宜建侯"者，孔子所以著于《屯》之象也；"利建侯"者，周公之所以著于《屯》之爻也；"先王以建万国，亲诸侯"，孔子所以著于《比》之大象也。

封建之法，本于鸿荒之世，群雄之所以自立者也。法始于黄帝，成于尧、舜，夏禹因之，至桀而乱；成汤兴而修之，天下以安；至纣而又乱，文王、武王兴而修之，天下亦以安；至幽王而又乱，齐桓、晋文不能修而益坏之，故天下纷纷不能定；及秦始皇而扫灭之，故天下大乱，争起而亡秦，犹反覆手于须臾间也。

黄帝、尧、舜安天下，非封建一事也，然封建其大法也；夏、禹、成汤安天下，亦非封建一事也，然封建其大法也；文王、武王安天下，亦非封建一事也，然封建其大法也；齐桓、晋文之不王，非一事也，然不能封建，其大失也。秦二世而亡，非一事也，然扫灭封建，其大缪也。故封建也者，帝王之所以顺天理、承天心、公天下之大端大本也；不封建也者，霸世暴主之所以纵人欲、悖天道、私一身之大孽大贼也。今人闻黄帝、尧、舜、禹、汤、文王、武王则尊之贵之，以为圣人；闻齐桓、晋文则訾之笑之，以为霸者；闻始皇、胡亥则鄙之贱之，以为小人之雄尔。及圣人所行则不从，而霸者暴人之所行则从之，历代不能改，是何也？弗思之甚也！

天地根于和，日月星辰根于天，山川草木根于地，而人根于天地之间者也。有其根则常而静，安而久；常静安久，则理得其终，物遂其性。故封建者，政之有根者也，故上下辨，民志定，教化行，风俗美，理之易治，乱之难亡，扶之易兴，亡之难灭。郡县反是。

圣人周万务而无为，故博施济众，不期应于物而物应，功用配天地，悠久无疆，而人道立矣。

【讲解】儒家讲的"无为"和道家有根本不同。《卫灵公篇》："子曰：无为而治者，其舜也与？夫何为哉？恭己正南面而已矣。"《中庸》："故至诚无息。不息则久，久则征；征则悠远，悠远则博厚，博厚则高明。博厚，所以载物也；高明，所以覆物也；悠久，所以成物也。博厚配地，高明配天，悠久无疆。如此者，不见而章，不动而变，无为而成。"《系辞上》："易无思也，无为也，寂然不动，感而遂通天下之故。"大舜"恭己正南面"，如何就能无为治理天下？《周礼·天官冢宰》说："惟王建国，辨方正位，体国经野，设官分职，以为民极。乃立天官冢宰，使帅其属而掌邦治，以佐王均邦国。"王者的职责是"设官分职"，设立天官、地官、春官、夏官、秋官、冬官六大职位分别管理天下大事，和后世的三省六部制有直接的承继关系。其中天官冢宰统理百官，而每一个大职位下再根据情况详细设立各类属官。王者格外重视天官冢宰团体尤其是首相的选择，他们是王者和庶官以及天下万民的中枢，如程子所言"天下治乱系宰相"（《论经筵第三札子》）。王者上接天道，下启人道，而具体的实施则需要六官的分工合作。选好了冢宰,国家大小事务便可委托于他,王者自然可以"恭己正南面",端拱而治。想达到"譬如北辰,居其所而众星共之"的无为而治,便需要"为政以德",内修仁义,日日学习磨炼,发自至诚,不杂私意。唯有做到至诚无息,培护德性,再通过冢宰和庶官的具体治理,天下事一遵天理良知而行,悠远博厚,变动不居,于是"无思也,无为也,寂然不动,感而遂通天下之故"。

命有穷通,性无加损。尽其性,则至于命。
贵贱,命也;仁义,性也。

跋

跋胡子知言稿

宋·真德秀

孟子以知诐淫邪遁为知言,胡子之书以是名者,所以辨异端之言与吾圣人异也。杨墨之害不熄,孔子之道不著,故《知言》一书于诸子百家之邪说,辞而辟之,极其详焉。盖以继孟子也。学者诚能深味其旨,则于吾道之正且大,异端之偏而小,若辨白黑,若数一二矣。萧君定夫以其所藏真稿示余,敬拜而书其后。浦城后学真德秀识。

(《西山真文忠公文集》卷二十四)

胡子知言跋

清·伍崇曜

右《胡子知言》六卷，《疑义》一卷，《附录》一卷。宋胡宏撰。按宏字仁仲，崇安人，安国子，寅弟。事迹具见《宋史》本传。是编其讲学之语；又尝撰《皇王大纪》，殆以内圣外王之学自任者也。《四库提要》均已著录。钱辛楣《十驾斋养新录》谓《皇王大纪》，陈振孙《书录解题》讥之，"则当时有识者早议其后矣"云云。自注"罗泌《路史》在胡宏之后，征引益为奥博。自后儒生侈谈邃古，而荒唐之词流为丹青，盖好奇而不学之弊"云云。仁仲生平迥异罗泌，岂可以后来荒诞，遂归狱为戎首？至是编，朱子亦尝疑之，其门人张敬夫亦未尝株守其说。然两宋理学诸儒，自周、程、张、朱而外，求其有大醇而无小疵者，原不数觏。既风节文章具有本末，即二一语偶涉于偏，仍未害于理，盖知之非艰，行之维艰。仁仲父子兄弟力排和议，直声振于一时，百折不回，决不受秦桧牢笼。迄今千百载，读其遗书，犹凛凛有生气。即如陆子静、王阳明杂以禅学，而生平无愧，亦安得并其遗书而菲薄之也！前明程篁墩刻之，迄今流行渐罕，偶得抄本，特重刻之，以为讲味学者指归焉。篁墩谓吴文肃、真文忠二跋置目录后，兹并目录无之，俟觅原刻补入。道光庚戌首夏南海伍崇曜谨跋。

（《粤雅堂丛书》本《胡子知言》卷末）

附录

论五峰

东莱云:"《知言》胜似《正蒙》。"先生曰:"盖后出者巧也。"

做出那事,便是这里有那理。凡天地生出那物,便都是那里有那理。五峰谓"性立天下之有",说得好;"情效天下之动",效如效死、效力之效,是自力形出也。

五峰说"心妙性情之德",不是他曾去研究深体,如何直见得恁地!

仲思问:"五峰中、诚、仁如何?"曰:"中者,性之道,言未发也;诚者,命之道,言实理也;仁者,心之道,言发动之端也。"又疑"道"字可改为"德"字,答曰:"亦可,'德'字较紧,然他是特地下此宽字。伊川答与叔书中亦云:'中者,性之德,近之。'伯恭云'《知言》胜《正蒙》',似此等处诚然,但不能纯如此处尔。"又疑中、诚、仁一而已,何必别言?曰:"理固未尝不同,但他圣贤说那一个物事时且随处说他那一个意思,自是他一个字'中'便有个正意义,如此不可混说,圣贤书便不用许多了。学者亦宜各随他说处看之,方见得他所说字本相(如诚、如中、如仁)。若便只混看,则下梢都看不出。"

仲思问:"五峰云:'诚者,命之道也;中者,性之道也;仁者,心之道也。'窃谓天之所以命乎人者,实理是已。故言

'诚者，命之道'，若'中者，性之道'，如何？"曰："未发时便是性。"仲思曰："如此则是喜怒哀乐未发便是性，既发便是情。"曰："然。此三句道得极密。吕伯恭道《知言》胜似《正蒙》，如这处也是密，但不纯恁地。""但'道'字不如'德'字？"曰："所以程子云：'中者，性之德，为近之。'但言其自然则谓之道，言其实体则谓之德。'德'字较紧，'道'字较宽。但他故下这宽字，不要挨拶着他。"又问："言中则诚与仁亦在其内否？"曰："不可如此看。若可混并，则圣贤已自混并了，须逐句看他。言诚时便主在实理发育流行处，言性时便主在寂然不动处，言心时便主在生发处。"

李尧卿问："'诚者，性之德。'此语如何？"先生曰："何者不是性之德？如仁义礼智，皆性之德，恁地说较不切，不如胡氏'诚者，命之道乎'说得较近傍。"

李维申说"合于心者为仁"，先生曰："却是从义上去，不如前日说'存得此心便是仁'却是。"因举五峰胡氏语云"人有不仁，心无不仁"，说得极好。

又曰："胡五峰云：'人有不仁，心无不仁。'此说极好。人有私欲遮障了，不见这仁，然心中仁依旧。只在如日月，本自光明，虽被云遮，光明依旧在里；又如水被泥土塞了，所以不流，然水性之流依旧只在那里；譬如一个镜，本自光明，只缘尘都昏了，若磨去尘，光明只在。"

"五峰曰：'人有不仁，心无不仁。'""既心无不仁，则巧言令色者，是心不是？如巧言令色，则不成说道巧言令色底不是心，别有一人巧言令色？如心无不仁，则孔子何以说'回也其心三月不违仁'？"萧佐曰："'我欲仁，斯仁至矣。'这个便是'心无不仁'。"答曰："回心三月不违仁，如何说？"问者默然久之。先生曰："既说回心三月不违仁，则心有违仁，违仁底是心不是？说我欲仁，便有不欲仁底，是心不是？

胡氏云：'格物则能知言，诚意则能养气。'"

问："《知言》有云：'佛家窥见天机，有不器于物者。'此语莫已作两截？"曰："亦无甚病。此盖指妙万物者，而不知万物皆在其中。圣人见道体，正如对面见人，其耳目、口鼻、发眉无不见。佛家如远望人，只见仿象，初不知其人作何形状。"问："佛家既如此说，而其说性乃指气，却是两般。"曰："渠初不离此说，但既差了，则自然错入别处去。"

"'道二：仁与不仁而已矣。'犹今人言好底道理、不好底道理相似。若论正当道理，只有一个，便无第二个，所谓'夫道一而已矣'者也。"因举久不得胡季随诸人书，胡季随主其家说："性不可以善言，本然之善本自无对，才说善时便与那恶对矣，才说善恶便非本然之性矣。本然之性是上，其尊无比，故孟子道性善非是。说性之善只是赞叹之辞，说'好个性'，如佛氏云善哉，赞叹之辞也（此胡文定之说）。"某尝辨云："本然之性固浑然至善，不与恶对，此天之赋我者然也。然行之在人，则有善有恶，做得是者为善，做得不是者为恶，岂可谓善者非本然之性？只是行于人者有二者之异，然后见善者是那本然之性也。若如其言本然之善，又有善恶相对之善，则是有二性矣。方其得于天者，此性也，及其行得善者，亦此性也。只是才有个善者，便有个不善底，所以善恶须着对言。不是元有个恶在那里，等待你来与你为对，只是行得错底便流入于恶矣。"此胡文定之说，故其子孙皆主其说，而致堂、五峰以来其说并差，遂成有两性。

本然者是一性，善恶相对者又一性，他只说本然者是性，善恶相对者不是性，岂有此理？然胡文定又得于龟山，龟山得之东林总老（名常总）。总老，龟山乡人，龟山乡里与之往来。后来总住庐山东林，龟山赴省，又往见之。总老聪明，深通佛书，有道行。龟山问："孟子道性善，说得是否？"总老曰："是。"又问："性岂可以善恶言？"总曰："本然之性，不与恶对。"此语流传自他。然总老之言，本亦未有病，盖本然之性是无恶，及至胡文定以性善为赞叹之辞，到得胡致堂、五峰辈遂分成两截，说善底不是性。若善底非本然之性，那处得这善来？既曰赞叹性好之辞，便是性矣，若非性善，何赞叹之有？如佛氏曰"善哉善哉"为赞美之辞，亦是这个道理好，所以赞叹之也。苏氏论性，亦是如此，尝言："孟子之道性善，犹火之能熟物也；荀卿言性恶，犹如火之能焚物也。"龟山反其说而辨之，曰："火之所以能熟物者，以其能焚物故耳，若火不能焚物，何能熟？"东坡论性，说："自上古圣人以来至孔子不能已，而说中、说一，未尝分善恶言也。故自孟子道性善，而'一'与'中'始岐矣。"尽是胡说！他更不看道理，只认我说得行底便是。诸胡之说亦然，季随至今守其家说。因问："文定却是卓然自立，所谓'非文王犹兴'者。"先生曰："固是。他资质好，然在太学中也多闻先生师友之训，所以能然。尝得颍昌一士人，忘其姓名，学问多得此人警发。后来为荆门军教授，龟山与之为代，因此识龟山，因龟山方识游、谢，不及识伊川。自荆门军教授入为国子博士，出来便为湖北提举。是时上蔡宰本路一邑，文定却从龟山求书见上蔡，既到湖北，遂遣人送书与上蔡，既受书，文定乃往见之。入境，人皆讶知县不接监司。论理上蔡既受他书，也是难为出来接他。既入县，遂先修后进礼见之。毕竟文定之学后来得于上蔡者为多，他所以尊上蔡，而不甚满于游、杨二公。看来游定夫后来也即当，诚有不满人意处。顷尝见游定夫集，极说得丑差，尽背其师说，他更说伊川之学不如他之所得。所以五峰临终谓彪德美曰："圣门工夫，要处只在个'敬'字。游定夫所以卒为程门之罪人者，以其不诚、不敬故也。"诚如其言！

问："性无善恶之说，从何而始？"曰："此出于常总。总，南剑人，住庐山。龟山入京，尝枉道见之，留数月，因问：'孟子识性否？'曰：'识。'曰：'何以言之？'曰：'善不与恶对言。'某观他之意，乃是谓其初只有善，未有恶。其后文定得之龟山，遂差了。今湖南学者信重《知言》。又尝谓敬夫辨析甚讳之。渠当初倡道湖南，偶无人能与辨论者，可惜可惜！"又读至于"彪居正问心"一段，先生曰："如何？"某谓："不于原本处理会，却些子发见。"曰："孟子此事，乃是一时间为齐王耳。今乃欲引之以上他人之身，便不是了。"良久云："以放心求心，便不是。才知求心，便已回矣，安得谓之放？"

因论湖湘学者崇尚胡子《知言》，曰："《知言》固有好处，然亦大有差失。如论性，却曰：'不可以善恶辨，不可以是非分。'既无善恶，又无是非，则是告子湍水之说尔。如曰：'好恶，性也。君子好恶以道，小人好恶以己。'则是以好恶说性，而道在性外矣，不知此理却从何而出？"问："所谓'探视、听、言、动无息之际，可以会情'，此犹告子'生之谓性'之意否？"曰："此语亦有病。下文谓：'道义明著，孰知其为此心？物欲引诱，孰知其为人欲？'便以'道义'对'物欲'，却是性中本无道义，逐旋于此处，搀入两端，则是性亦可以不善言矣。如曰：'性也者，天地鬼神之奥也，善不足以名之，况恶乎？'孟子说性善云者，'叹美之辞，不与恶对'。其所谓'天地鬼神之奥'，言语亦大段夸诞。某尝谓圣贤言语，自是平易，如孟子尚自有些险处，孔子则直是平实。'不与恶对'之说，本是杨龟山与总老相遇，论孟子说性，曾有此言。胡文定公往往得之龟山，故有是言。然总老当时之语，犹曰'浑然至善，不与恶对'，犹未甚失性善之意。今去其'浑然至善'之语，而独以'不与恶对'为叹美之辞，则其失远矣。如论齐王爱牛，'此良心之苗裔，因私欲而见者'，以答'求放心'之问。然鸡犬之放，则固有去而不可收取之理；人之放心，只知求之，则良心在此矣，何必等待天理发见于物欲之间，然后求之？如此则中间空阙多少去处？正如屋下失物，直待去城外求也。爱牛之事，孟子只就齐王身上说，若施之他人则不可，况操存、涵养皆是平日工夫，岂有等待发见然后操存之理？今胡氏子弟议论，每每好高，要不在人下。才说心，便不说用心，以为心不可用。至如《易传》中有连使'用心'字处，皆涂去'用'字。某以为孟子所谓'尧舜之治天下，岂无所用其心哉'，何独不可以'用'言也？季随不以为然（胡大时字季随），遂检文定《春秋》中有连使'用心'字处质之，方无语。大率议论文字，须要亲切寻究，如伊川说颜子乐道为不识颜子者，盖因问者元不曾亲切寻究，故就其人而答，欲其深思而自得之尔。后人多因程子之言，愈见说得高远，如是则又不若乐道之为。有据伊尹乐尧舜之道，亦果非乐道乎？湖湘此等气象，乃其素习，无怪今日之尤甚也。"

《知言》云："凡人之生，粹然天地之心，道义全具，无适无莫，不可以善恶辨，不可以是非分，无过也，无不及也，此中之所以名也。"即告子"性无善，无不善"之论也，唯伊川"性即理也"一句甚切至。

直卿言："五峰说性云：'好恶，性也。'本是要说得高，不知却反说得低了。"先生曰："依旧是气质上说。某尝要与他改云：'所以好恶者，性也。'"

问："《知言》：'万事万物，性之质也。'如何？"曰："此句亦未有害，最是'好恶，性也'，大错。既以好恶为性，下文却云'君子好恶以道'，则是道乃旋安排入，推此其余皆可见。"问："与告子说话，莫同否？"曰："便是湍水之说。"又问："'粹然完具'云云，却说得好，又云：'不可以善恶言，不可以是非判。'"曰："渠说有二错，一是把性作无头面物事，二是（失记）。"

问："'诚者，物之终始'，而命之曰道。"曰："诚是实理，彻上彻下，只是这个生物都从那上做来。万物流形乎天地之间，都是那底做。五峰云：'诚者，命之道；中者，性之道；仁者，心之道。'数句说得密，如何大本处却含糊了？以性为无善恶，天理人欲都混了，故把作同体。"或问："'同行'语如何？"曰："此却是乃就事言之。"黄直卿曰："他既以性无善恶，何故云'中者，性之道'？"曰："他也把中做无善恶。"

五峰言天命不囿于善，不可以人欲对。先生曰："天理固无对，然有人欲，则天理便不得不与人欲对为消长；善亦本无对，然既有恶，则善便不得不与恶对为盛衰。且谓天命不囿于物可也，谓其不囿于善，则不知天之所以为天矣；谓恶不足以言性可也，谓善不足以言性，则不知善之所从来矣。"

好善而恶恶，人之性也；为有善恶，故有好恶。"善恶"字重,"好恶"字轻。君子顺其性,小人拂其性。五峰言"好恶,性也。君子好恶以道,小人好恶以欲",是"好人之所恶,恶人之所好",亦是性也,而可乎?或问:"'天理人欲,同体而异用'之说如何?"先生曰:"当然之理,人合恁地底,便是体,故仁义礼智为体。如五峰之说,则仁与不仁、义与不义、礼与不礼、智与不智皆是性,如此则性乃一个大人欲窠子。其说乃与东坡、子由相似,是大嚙脱,非小失也。'同行异情'一句却说得去。"

或问:"胡氏曰:'天理人欲,同体而异用,同行而异情。'"曰:"胡氏之病,在于说性无善恶。体中只有天理,无人欲,谓之'同体'则非也。同行异情,盖亦有之,如口之于味,目之于色,耳之于声,鼻之于臭,四肢之于安佚,圣人与常人皆如此,是同行也;然圣人之情不溺于此,所以与常人异耳。"或又谓:"圣贤不视恶色,不听恶声,此则非同行者。"先生云:"彼亦就其同行处说耳。某谓圣贤立言,处处皆通,必不若胡氏之偏也。龟山云:'"天命之谓性",人欲非性也。'胡氏不取其说,是以人欲为性矣,此其甚差者也。"

问:"五峰言'天理人欲,同体而异用,同行而异情',如何?"答曰:"下句尚可,上句有病。盖行处容或可同,而其情则本不同也;至于体用,岂可言异?观天理人欲所以不同者,其本原自不同,何待用也?胡氏之学,大率于大本处看不分晓,故锐于辟异端,而不免自入一脚也。如说性,便说性本无善恶,发然后方有善恶;孟子说性善,自是叹美之辞,不与恶为对。大本处不分晓,故所发皆差。盖其说始因龟山问总老,而答曰:'善则本然,不与恶对。'言'本然'犹可,今曰叹美之辞,则大段差了。"又一学者问:"以放心求心,如何?""他当时问得极紧，他一向鹘突应将去。大抵心只操则存，舍则放了，俄顷之间更不吃力，他却说得如此周遮。"

问："天理人欲，同行而异情。""胡氏此语精。若所谓'同体而异用'，则失之。""混而无别否？"曰："胡氏论性无善恶，此句便从这里来。本原处无分别，都把做一般，所以便谓之同体。他看道理尽精微，不知如何只一个大本却无别了。"

问："五峰言'天理人欲，同体而异用，同行而异情'，先生以为'同体而异用'说未稳，是否？"先生曰："亦须是实见此句可疑，始得。"先生曰："今人义利处皆无辨，直恁鹘突去，是须还他是，不是还他不是。若都做得，是犹自有个浅深。自如此说，必有一个不是处，今则都无理会矣。"

或问："五峰云'天理人欲，同体异用'。"先生云："如何天理人欲同体？得如此，却是性可以为善，亦可以为恶，却是一团人欲窠子，将甚么做体？却是韩愈说性自好，言人之为性有五，仁义礼智信是也。指此五者为性，却说得是。性只是一个至善道理，万善总天地人物万善至好底表德。"

胡五峰作《皇王大纪》，说北极如帝星紫微等皆不动；说宫声属仁，不知宫声却属信。又宫无定体，十二律旋相为宫。帝星等如果不动，则天必擘破，不知何故读书如此不子细！

五峰说宫之用极大，殊不知十二律皆有宫。又言宫犹五常之仁，宫自属土，亦不属仁也。又其云天有五常，座星皆不动。今天之不动者，只有紫极垣、北极，五常座不动，其他常座如天市垣、太微垣、大火中星帝座与大角星帝座，皆随天动，安得谓不动？

"致堂谓学所以求仁也，仁是无头面底，若将'实'字来解求仁则可，若以求仁解'学'字，又没理会了。"黄直卿云："若如此说，一部《论语》只将'求仁'二字说便了也。"先生曰："南轩五峰说底是，致堂说底皆不是，安可说如此？致堂多有说得好处，五峰善思，然思过处亦有之。"

谓胡季随曰："文定、五峰之学，以今窃议来，只有太过，无不及，季随而今却但有不及。"

又云："看《知言》中议论多病，近疏所疑，与敬夫、伯恭议论，如心以成性、相为体用、性无善恶、心无死生、天理人欲同体异用、先识仁体然后敬有所施、先志于大然后从事于小，如本天道变化为世俗酬酢，及论游、夏问孝之类，此类极多。又其辞意多迫急，少宽裕，良由务以智力探取，全无涵养之功，所以至此。然其思索精到处，何可及也！《知言》谓天命为不囿于物可也，以为不囿于善，则不知天之所以为天矣；谓恶不可以言性可也，以为善不足以言性，则不知善之所自来矣。《知言》中此等议论与其他好处自相矛盾者甚多，却与告子、扬子、释氏、苏氏之言几无以异。昨所以不免致疑者，正为如此。惜乎不及供洒扫于五峰之门而面质之耳！"

《知言》之书，用意精切，但其气象急迫。又数大节目，亦皆差误。如性无善恶、心为已发、先知后敬之类，皆失圣贤本旨。

（《朱子语类》卷第一百一"程子门人"选录）

胡子知言疑义

宋·朱熹 吕祖谦 张栻

一

《知言》曰："天命之谓性。"性，天下之大本也。尧、舜、禹、汤、文王、仲尼六君子先后相诏，必曰心而不曰性，何也？曰：心也者，知天地，宰万物，以成性者也。六君子，尽心者也，故能立天下之大本。人至于今赖焉。不然，异端并作，物从其类而瓜分，孰能一之？

熹谓"以成性者也"，此句可疑，欲作"而统性情也"，如何？

栻曰："统"字亦恐未安，欲作"而主性情"，如何？

熹谓所改"主"字极有功。然凡言删改者，亦且是私窃，讲贯议论，以为当如此耳，未可遽涂其本编也，如何？

熹按：孟子"尽心"之意，正谓私意脱落，众理贯通，尽得此心无尽之体，而自是扩充，则可以即事即物，而无不尽其全体之用焉尔。但人虽能尽得此体，然存养不熟，而于事物之间一有所蔽，则或有不得尽其用者。故孟子既言尽心知性，又言存心养性，盖欲此体常存，而即事即物，各用其极，无有不尽云尔。夫以《大学》之序言之，则尽心知性者，致知格物之事；存心养性者，诚意正心之事；而夭寿不贰、修身以俟之者，修身以下之事也。此其次序甚明，皆学者之事也。然程子"尽心知性，不假存养，其唯圣人乎"者？盖惟圣人则合下尽得此体，而用处自然无所不尽，中间更不须下存养充扩节次功夫。然程子之意，亦指夫始条理者而为言，非便以"尽心"二字就功用上说也。今观此书之言尽心，大抵皆就功用上说，又便以为圣人之事，窃疑未安。

祖谦曰："成性"固可疑，然今所改定，乃兼性情而言，则与本文设问不相应。来谕以尽心为集大成者之始条理，则非不可以为圣人事。但胡子下"者也"两字，却似断定尔，若言六君子由尽其心，而能立天下之大本如此。

熹谓论心必兼性情，然后语意完备。若疑与所设问不相应，而"者也"二字亦有未安。则熹欲别下语云："性固天下之大本，而情亦天下之达道也，二者不能相无。而心也者，知天地，宰万物，而主性情者也。六君子惟尽其心，故能立天下之大本，行天下之达道。人至于今赖焉。"不知更有病否。若所谓"由尽其心"者，则词恐太狭，不见程子所谓不假存养之意。

二

《知言》曰：天理人欲同体而异用，同行而异情。进修君子宜深别焉。

熹按：此章亦性无善恶之意，与"好恶，性也"一章相类，似恐未安。盖天理，莫知其所始，其在人则生而有之矣；人欲者，梏于形，杂于气，狃于习，乱于情，而后有者也，然既有而人莫之辨也，于是乎有同事而异行者焉，有同行而异情者焉。君子不可以不察也。然非有以立乎其本，则二者之几微暧万变，夫孰能别之？今以天理人欲混为一区，恐未允当。

祖谦曰："天理人欲同体而异用"者，却似未失。盖降衷秉彝，固纯乎天理，及为物所诱，人欲滋炽，天理泯灭，而实未尝相离也。同体异用，同行异情，在人识之耳。

熹再详此论，胡子之言盖欲人于天理中拣别得人欲，又于人欲中便见得天理，其意甚切。然不免有病者，盖既谓之"同体"，则上面便著"人欲"两字不得。此是义理本原极精微处，不可少差。试更子细玩索，当见本体实然只一天理，更无人欲。故圣人只说"克己复礼"，教人实下工夫，去却人欲，便是天理，未尝教人求识天理于人欲汩没之中也。若不能实下工夫，去却人欲，则虽就此识得，未尝离之天理，亦安所用乎？

三

《知言》曰：好恶，性也。小人好恶以己，君子好恶以道。察乎此，则天理人欲可知。

熹按：此章即性无善恶之意。若果如此，则性但有好恶，而无善恶之则矣。"君子好恶以道"，是性外有道也。"察乎此，则天理人欲可知"，是天理人欲同时并有，无先后宾主之别也。然则所谓"天生烝民，有物有则，民之秉彝，好是懿德"者，果何谓乎？龟山杨子曰："天命之谓性，人欲非性也。"却是此语直截。而胡子非之，误矣！

栻曰："好恶，性也"，此一语无害，但著下数语则为病矣。今欲作：好恶，性也，天理之公也。君子者，循其性者也。小人则以人欲乱之，而失其则矣。

熹谓好恶固性之所有，然直谓之性则不可。盖好恶，物也，好善而恶恶，物之则也。有物必有则，是所谓形色天性也。今欲语性，乃举物而遗则，恐未得为无害也。

四

《知言》曰：心无不在，本天道变化，为世俗酬酢，参天地，备万物。人之为道，至大也，至善也。放而不知求，耳目闻见为己蔽，父子夫妇为己累，衣裘饮食为己欲，既失其本矣，犹皆曰我有知，论事之是非，方人之短长，终不知其陷溺者，悲夫！故孟子曰："学问之道无他，求其放心而已矣。"

熹按："人之为道，至善也，至大也"，此说甚善。若性果无善恶，则何以能若是邪？

栻曰：论性而曰"善不足以名之"，诚为未当，如元晦之论也。夫其精微纯粹，正当以至善名之。龟山谓"人欲非性也"，亦是见得分明，故立言直截耳。《遗书》中所谓"善固性也，恶亦不可不谓之性也"，则如之何？譬之水，澄清者，其本然者也。而或浑焉，则以夫泥滓之杂也。方其浑也，亦不可不谓之水也。夫专善而无恶者，性也，而其动则为情。情之发，有正有不正焉。其正者，性之常也；而其不正者，物欲乱之也，于是而有恶焉，是岂性之本哉？其曰"恶亦不可不谓之性"者，盖言其流如此，而性之本然者，亦未尝不在也。故善学者化其滓以澄其初而已。

熹详此论性甚善，但明道所谓"恶亦不可不谓之性"，是说气禀之性，观上下文可见。

熹又看此章云"本天道变化，为世俗酬酢"，疑"世俗"字有病，犹释子之谓父母家为俗家也，改作"日用"字如何？

熹又细看，虽改此字，亦为未安，盖此两句大意自有病。圣人下学而上达，尽日用酬酢之理，而天道变化行乎其中耳。若有心要本天道以应人事，则胸次先横了一物，临事之际，著意将来把持作弄，而天人之际终不合矣。大抵自谢子以来，虽说以洒扫应对为学，然实有不屑卑近之意，故才说洒扫应对，便须急作精义入神意思，想像主张，惟恐其滞于小也。如为朱子发说《论语》，乃云圣门学者敢以天自处，皆是此个意思。恐不免有病也。（又云以其大者移于小物，作日用工夫，正是打成两截也。）

五

胡子喟然叹曰：至哉！吾观天地之神道，其时无愆，赋形万物，无大无细，各足其分，太和保合，变化无穷也。凡人之生，粹然天地之心，道义完具，无适无莫，不可以善恶辨，不可以是非分，无过也，无不及也。此中之所以名也。夫心宰万物，顺之则喜，逆之则怒，感于死则哀，动于生则乐。欲之所起，情亦随之，心亦放焉。故有私于身，蔽于爱，动于气，而失之毫厘，缪以千里者矣。众人昏昏，不自知觉，方且为善恶乱，方且为是非惑。惟圣人超拔人群之上，处见而知隐，由显而知微，静与天同德，动与天同道，和顺于万物，浑融于天下，而无所不通。此中和之道所以圣人独得，民鲜能久者矣。为君子者奈何？戒谨于隐微，恭敬乎颠沛，勿忘也，勿助长也，则中和自致，天高地下而位定，万物正其性命而并育，成位乎其中，与天地参矣。

或问性，曰："性也者，天地之所以立也。"曰："然则孟轲氏、荀卿氏、扬雄氏之以善恶言性也，非欤？"曰："性也者，天地鬼神之奥也，善不足以言之，况恶乎？"或者问曰：

"何谓也？"曰："宏闻之先君子曰：'孟子所以独出诸儒之表者，以其知性也。'宏请曰：'何谓也？'先君子曰：'孟子道性善云者，叹美之辞也，不与恶对。'"

或问："心有死生乎？"曰："无死生。"曰："然则人死，其心安在？"曰："子既知其死矣，而问安在邪？"或曰："何谓也？"曰："夫惟不死，是以知之，又何问焉？"或者未达，胡子笑曰："甚哉！子之蔽也。子无以形观心，而以心观心，则知之矣。"

熹按："性无善恶""心无死生"两章似皆有病。"性无善恶"，前此论之已详；"心无死生"，则几于释氏轮回之说矣。天地生物，人得其秀而最灵。所谓心者，乃夫虚灵知觉之性，犹耳目之有见闻耳，在天地则通古今而无成坏，在人物则随形气而有始终。知其理一而分殊，则亦何必为是心无死生之说，以骇学者之听乎？

栻曰："心无死生"章亦当删去。

六

《知言》曰：凡天命所有而众人有之者，圣人皆有之。人以情为有累也，圣人不去情；人以才为有害也，圣人不病才；人以欲为不善也，圣人不绝欲；人以术为伤德也，圣人不弃术；人以忧为非达也，圣人不忘忧；人以怨为非宏也，圣人不释怨。然则何以别于众人乎？圣人发而中节，而众人不中节也。中节者为是，不中节者为非；挟是而行则为正，挟非而行则为邪；正者为善，邪者为恶。而世儒乃以善恶言性，邈乎辽哉！

熹按："圣人发而中节"，故为善；"众人发不中节"，故为恶。"世儒乃以善恶言性，邈乎辽哉！"此亦性无善恶之意。然不知所中之节，圣人所自为邪，将性有之邪？谓圣人所自为，则必无是理；谓性所固有，则性之本善也明矣。

栻曰：所谓"世儒"，殆指荀、扬，荀、扬，盖未知孟子所谓善也。此一段大抵意偏而词杂，当悉删去。

熹详此段不可尽删，但自"圣人发而中节"以下删去，而以一言断之云："亦曰天理人欲之不同尔。"

栻曰：所谓轻诋世儒之过而不自知其非，恐气未和而语伤易。析理当极精微，毫厘不可放过。至于尊让前辈之意，亦不可不存也。

熹观此论切中浅陋之病，谨已删去讫。

七

《知言》曰：彪居正问："心无穷者也，孟子何以言尽其心？"曰："惟仁者能尽其心。"居正问为仁，曰："欲为仁，必先识仁之体。"曰："其体如何？"曰："仁之道弘大而亲切，知者可以一言尽，不知者虽设千万言亦不知也；能者可以一事举，不能者虽指千万事亦不能也。"曰："万物与我为一，可以为仁之体乎？"曰："子以六尺之躯，若何而能与万物为一？"曰："身不能与万物为一，心则能矣。"曰："人心有百病一死，天下之物有一变万生，子若何而能与之为一？"居正竦然而去。他日某问曰："人之所以不仁者，以放其良心也，以放心求心可乎？"曰："齐王见牛而不忍杀，此良心之苗裔，因利欲之间而见者也。一有见焉，操而存之，存而养之，养而充之，以至于大，大而不已，与天地同矣。此心在人，其发见之端不同，要在识之而已。"

熹按："欲为仁，必先识仁之体"，此语大可疑。观孔子答门人问为仁者多矣，不过以求仁之方告之，使之从事于此而自得焉尔，初不必使先识仁体也。又以放心求心之问甚切，而所答者反若支离。夫心操存舍亡，间不容息，知其放而求之，则心在是矣。今于已放之心不可操，而复存者置不复问，乃俟异时见其发于他处，而后从而操之。则夫未见之间，此心遂成间断，无复有用功处。及其见而操之，则所操者亦发用之一端耳，于其本源全体未尝有一日涵养之功，便欲扩而充之，与天同大，愚窃恐其无是理也。

栻曰：必待识仁之体而后可以为仁，不知如何而可以识也。学者致为仁之功，则仁之体可得而见，识其体矣，则其为益有所施而亡穷矣。然则答为仁之问，宜莫若敬而已矣。

祖谦曰：仁体诚不可遽语，至于答放心求心之问，却自是一说。盖所谓"心操存舍亡，间不容息，知其放而求之，则心在是矣"者，平昔持养之功也；所谓"良心之苗裔，因利欲而见""一有见焉，操而存之"者，随时体察之功也，二者要不可偏废。苟以此章欠说涵养一段，"未见之间，此心遂成间断，无复用功处"是矣。若曰"于已放之心，置不复问，乃俟其发见于他处，而后从而操之"，语却似太过。盖"见牛而不忍杀"，乃此心之发见，非发见于他处也。又所谓操者亦发用之一端，胡子固曰"此良心之苗裔"，固欲人因苗裔而识本根，非徒认此发用之一端而已。

熹谓二者诚不可偏废，然圣门之教详于持养而略于体察，与此章之意正相反。学者审之，则其得失可见矣。孟子指齐王爱牛之心，乃是因其所明而导之，非以为必如此然后可以求仁也。夫必欲因苗裔而识本根，孰若培其本根，而听其枝叶之自茂耶？

八

《知言》曰：天地，圣人之父母；圣人，天地之子也。有父母则有子矣，有子则有父母矣，此万物之所以著见、道之所以名也。非圣人能名道也，有是道则有是名也。圣人指明其体曰性，指明其用曰心。性不能不动，动则心矣。圣人传心，教天下以仁也。

熹按：心性、体用之云，恐自上蔡谢子失之。此云"性不能不动，动则心矣"，语尤未安。凡此"心"字，皆欲作"情"字，如何？

栻曰：心性分体用，诚为有病。此若改作"性不能不动，动则情矣"一语，亦未安，不若伊川云"自性之有形者谓之心，自性之有动者谓之情"，语意精密也。此一段似亦不必存。

熹详此段诚不必存，然"性不能不动"，此语却安，但下句却有未当尔。今欲存此以下，而颇改其语云："性不能不动，动则情矣。心主性情，故圣人教人以仁，所以传是心而妙性情之德。"又按伊川有数语说"心"字皆分明，此一段却难晓，不知"有形"二字合如何说。

《五峰集》选录

《五峰集》原序

宋·张栻

五峰胡先生遗书有《知言》一编,栻既序而传之同志矣。近岁,先生季子大时复裒辑先生所为诗文之属凡五卷以示栻,栻反覆而读之。惟先生非有意于为文者也,其一时咏歌之所发,盖所以纾写其性情,而其他述作与夫问答往来之书,又皆所以明道义而参异同,非若世之为文者徒从事于言语之间而已也。又,惟先生粤自早岁服膺文定公之教,至于没齿,惟其进德之日新,故其发见于辞气议论之间,亦月异而岁不同。虽然,以先生之学而不得大施于时。又不幸仅得中寿。其见于文字间者复止于如此,岂不甚可叹息!至其所志之远,所造之深,纲领之大,义理之精,后之人亦可以推而得焉。淳熙三年元日门人张栻序。

胡仁仲遗文序

宋·陈亮

五峰胡宏仁仲,故宝文阁直学士谥文定名安国字康侯之季子也。文定尝以《春秋》一经侍太上皇帝于讲筵，又尝为之训传，其学问所繇来可考矣。闻之诸公长者，以为五峰实传文定之学。比得其传文观之，见其辩析精微，力扶正道，惓惓斯世，如有隐忧，发愤至于忘食，而出处之义终不苟，可为自尽于仁者矣。其教学者以求仁，终篇之中，未尝不致意焉。推其文以学者共之，因文以达其意，庶几五峰之志未泯也。

（《龙川文集》卷十四）

与秦会之书

癸亥春，尝拜起居之间，自是遵禀传业之诲，不敢失坠。上搜羲、炎、姚、姒之遗文，中考商、姬、孔、孟之大训，下观两汉，遍阅历代，以及五季，数千年间治乱之迹，正如风云感会，来无定形，去无定体。得其道者昌，失其道者亡，故大要治乱，必本于人。稽诸数千年间，士大夫颠冥于富贵、醉生而梦死者，无世无之，何啻百亿！虽当时足以快胸臆，耀妻子，曾不旋踵而身名俱灭。某志学以来，所不愿也。至于杰然自立，志气充塞乎天地，临大节而不可夺，有道德足以赞时，有事业足以拨乱，进退自得，风不能靡，波不能流，身虽死矣，而凛凛然长有生气，如在人间者，是真可谓大丈夫矣。某读其书，按其事，遐想其人，意其胸中所存，淡然直与神明通，不可以口传耳受也。方推其所存于数千年文字之中，茫乎昧乎，未能望其藩篱，窥其门户，又况其堂奥乎？业当从事于斯，不敢半途而废，此某之所以逡巡历年，若自弃于门下，未能进而求仕者也。窃伏思念四十三年矣。

先人即世，忽已十载。惟是布衣藜杖，寻壑经丘，劝课农桑，以供衣食；不如是则啼饥号寒，且无以供粢盛，奉祭祀，将飘零惨淡，无以成其志矣。积忧思，与勤苦，而齿落发白，夙兴冠栉，引镜自窥，颜色枯槁，形容憔悴，身之穷困，如此足矣。去年复哭子，而今年又丧妇，自嗟薄命，益不敢有意荣进。然立身行道，扬名后世，以显父母，圣人之训也。苟泊然无意于是，甘与草木同腐，则何以为人子，岂先人平日教诲之所望耶！矧今圣明在上，而相公丈端秉化权，念及寒微，下询所欲，傥于是时不显寸长，思自振耀，则真自弃矣。昔孔子成人之美，今相公丈曲敦故旧，欲先人身后不即衰落，将使某兄弟各遂其志，愿人以所长表见于世，此诚莫大之德。若用不以其才，则丑拙陈露，非所以成其美矣。

长沙湘西岳麓山书院元是赐额，祖宗时尝命山长主之，今基址皆在，湘山负其背，文水萦其前，静深清旷，真士子修习精庐之地也。至道二年，潭守李允则修而广之，乞降书史以厚民风。天圣八年，漕臣黄总奏乞特授山长进士孙胄一官，当时皆从之。今若令潭守与漕臣兴复旧区，重赐院宇，以某有继述其先人之志，特命为山长，依州县监当官，给以廪禄，于以表朝廷崇儒广教之美。凡学舍，诸生不乐近城市，愿居山间者，并听之。俾舒卷数百千年之文，行思坐诵，精一于斯，人一己百，人十己千，庶几愚而能明，柔而能强，可以继古人之后尘，而为方来之先觉矣。

与吴元忠（四首）

久伏盛名之下，朝野异道，无缘祗谒，徒怀仰慕之心。中春，丈人造朝，家兄侍行，某独将诸房远寓穷山。至中夏，王师讨曹成于临贺，成军崩溃，所过残暴。奔避崎岖，幸免死亡。窃思寇盗纵横，使吾民至于此极者，以州郡敝而不振，而方伯久无其人也。日夜延颈威明之至，扫除凶奸，封殖善良，有如饥渴。夫难得而易失者，时之会；易失而难得者，事之几。然几、会之来，无有终极，圣贤英雄之所以凝神睎视而不敢忽者也。自靖事之初失几会，以至于今大乱日滋。圣主忧勤劳思，分江南根本之地以委元勋盛望之臣，此天下重任也。所统之封，北跨汉、沔，西距瞿唐，东尽衡山，奄有北海。以地则广，而形势易张；以体则大，而威声易布；以权则重，而智计可行。挟此三者，何事不济？然荆、峡单残，衡、湘罢敝，岳、鄂、武陵，群盗之区，八桂五羊，民方喜乱。以政则紊，启奸宄之心；以兵则弱，招外寇之侮；以财则匮，有内溃之虞。当此三者，求济实难。苟相公恃前三者之虚名，则患必至；理后三者之实患，则功可成。虽然，理之有道，在乎得贤而已矣；得贤有道，在乎公心而已矣；公心有道，在乎循理而已矣。理一昭明，虽天地变化，了然胸次，况乎一时之会、一事之几而有不得者乎！相公诚能留心于此，则敌仇可灭，而中原可定。不然，几何其不举天下而一掷也！某少习干时之业，长闻《大学》之方，性本迂疏，志与时左，自分逸于山林，望云消意，临水观心，以适己事而已。矧今在疚，岂欲求名！然遭时不竞，危亡之虑，家国惟同，辄恃父兄之契，敢陈愚者之衷。

窃以国本固则寇可息，寇可息则家可保。今之读书入官者，莫不知民为邦本，本固邦宁。然至于行事，则或失之远者，类皆以急于近切小利，而忘经国远图也。相公学兼本末，政通先后，岂如今日之仕者？然受天子之命，入封境之内，已逾月矣，未有以慰远民之望。何也？夫欲除弊政，必除弊人；弊人不去，虽有仁心仁闻，而民不被其泽，欲以已乱而乱日滋，欲以捍寇而寇内兴，必矣。现今秋成，某耳之所实闻者，科役繁重，邵阳富民尽室以逃。目之所实见者，灌阳清湘贫民流转，困于籴贵。举此二郡，他处可知也。将来之虑，必有不可胜言者矣。相公居上流重地，宗社安危系焉。外寇强大，而根本如此，愿相公念之。某方在疚，心无他营，所以复进言者。居今之世，譬如乘敝舟，泛沧海，风涛汹涌，未知攸济，而相公操楫者也，苟有所见，岂敢隐情？

奔走区区，百事荒废，岂有以上裨谋议之末？然口诵古人之书，目睹今日之事，心维天下之理，深考拨乱政治之术，未有若得贤为耳目之要也。夫耳目者，心之所以流通也。若夫目形具而不能见，耳形具而不能闻，则亦奚用夫耳目之官哉！内虽有大公至正之心，孰与宣之？外虽有蒙蔽欺绐之事，孰与知之？是一身遂废，坐而待毙也。相公奄有四路，提封广远，既不可州州县县而至，而州县之间，欺诞之风习而未改。相公以一人之身，当数百千官吏之欺蔽，苟不明目达聪，窃以为未易治也。方今山林之士岂无其人？相公推诚仗信，以友道咨之，必能有所裨益；广求其类，而耳目通矣；耳目通，则事情判矣；事情判，则政可行矣。昔齐威王一烹阿大夫及其左右，而旌即墨大夫，齐国大治，称于天下。此无他，耳目聪明而赏罚当。以相公旧执化权，得天下之贤才众矣。今某辄复进言，多见其不知量也。然泰山不弃土壤，故能成其大；河海不却细流，故能成其深；王公不择众庶，故能成其德。是以周公握发吐哺，而诸葛武侯孜孜求启，告于下僚也。不然，何以成功一时，而垂光千载？相公其听之。

昔孔子作《春秋》，明纪法，以绳诸侯；重用兵，戒兴土木之役。使相公听孔子之言，不治兵乎？则无以捍寇敌；不兴土木之役乎？则无以保地利。将兴土木之役而治兵乎？是孔子之言无用，而以无道行之也。夫事有缓急，势有轻重，知所先后，则近道矣。循循而行，则危可安，乱可治；悖道而行，则危遂倾，乱遂亡。故古人论兵，则以足民为要，而兵甲犀利，非所先也；论治，则以亲贤为急，而城池高深，非所急也。矧夫壮丽宫室，欲以示威者乎？相公所统四路，荆峡坐亡于解潜，鼎澧自残于昌禹，湘中罢敝于张捯，八桂败坏于许中，惟五羊寇所未至，差为完实耳。今秋旱干广远，疾疫盛兴，死亡流散者不可胜数，正是安卑陋、甘粗粝、勤瘁救民之时。而闻诸道路，谓相公大治屋宇，市炭铁枪，杖牛羊之皮，追发丁匠，虽远亦及。某窃以为仰末也。本之未立，如之何？自古战争强弱成败之势，明著史册，可考而知矣。鲁公伯禽宅曲阜，当治定之时，而徐夷作乱，侵逼东郊，是寇之在门庭，侥幸万一者也。兵不亟用，则寇滋；城不亟城，则失险而无以卫社稷矣。故伯禽虽在创巨痛深之中，出师誓众，征师与筑役同日并举。圣人定《书》，取以训后世，而莫之非也。相公承大乱之后，缉破亡之邦，事与此异，而势有未可者。一失民望而离其心，虽有甲兵，谁与用之？虽有城郭，谁与守之？虽有广室大厦，相公其得高枕而卧乎？某故愿先收群策，以易乱政之人；先易乱政之人，以附百姓之心。民心即附，然后用之，以守则固，以战则胜矣，岂复有怨愤判亡之虑哉！

与明应仲书

　　天下之难平者，莫难平于时事；天下之难见者，莫难见于人情。自北人内侵，神州板荡，帝室阽危，至于南邦，九年矣。圣主忧勤愿治，未见其效，谅必内自省曰："岂于时事有未当欤？岂于人情有未察欤？古人起匹夫，不五六年遂定天下，今乃若是其难乎！"是以奋大辱之积志，临遣信使，分行州郡，考时事，察人情，将断自宸衷，以大有为于天下。而阁下首膺此选，其任岂轻也哉！伏想登车揽辔，慨然有愿佐圣主澄清海内、垂功名于竹帛之志，精勤周尽，不为苟简文具之事。风声所至，州郡官吏矍然相聚，恐不为簿书期会之政也。某是以乐有献焉。且阁下入湘中，事之明白易行者可平矣，情之愤郁不通者可平矣，而事有亏国体、伤民心者，则不可得而平也。频年盗贼遍天下，屠害所在以百计，呻吟者未绝，伤夷者未起，流亡滋甚，户口灭耗，虽赦令比下，所以告戒恤民者甚悉，徒文具而已，岂不亏国体、伤民心哉？今阁下虽欲正其亏伤，是重欺吏民，增其不信，而非将命之本意也。必欲正之，盍反其本矣？阁下入湘中，吏之清修有惠化者可知矣，吏之奸赃无廉耻者可知矣，而吏有欺者不可得而知也。顷年亦尝有御史出使矣，其所荐者不必赏，其所劾者不必罚，以为不足信则曷若弗遣，以为不足从则曷若弗问？遣矣，问矣，而卒无所惩劝，是不核实，是文具之事也。

　　夫上之化下，疾于影响，欺诞之风，习之成俗，又何罪焉？今阁下虽欲察其欺诞，必大致烦苛，诖误吏民，而非将命之本意也。必欲正之，亦盍反其本矣？夫所谓本者何也？正天子之心也。阁下职居言责，出观外政，傥不能察小以知大，观微以知著，原天下之本，必归诸天子之心而正之，窃恐是于此而非于彼，得于东而失于西，不可得而治也。

昔孟轲氏，圣人之徒，命世之英也，当天下分裂用兵争战之际，尝卑管仲合诸侯匡天下之功，而必伊、周自处矣。考其规诲时君之言，则未尝有奇谋伟略也。齐王曰"吾好色，好货，好勇"，而不非之，又有公刘、太王、文、武之事道之，不忍一牛之死，则以为仁术而可以王。又曰："我非尧、舜之道不敢陈于王前。"而天下后世皆以为真得尧、舜、文、武、仲尼之传者，岂非定天下之术，无以易此乎？不然，是直迂诞之论，其曰"以齐王而定天下，犹运之掌"，又足信耶？阁下读古人之书，必希慕古人矣。归辅天子，使合乎尧、舜、文、武之心，则事之难平者迎刃而解矣，情之难见者迎目而分矣。其于定天下之乱，必谋谟于庙堂之间，而折冲于千里之外矣。无或如今之人，泛然毛举州郡之事，以塞责而已。某自荆、襄避寇，漂流傍岭，守分安贫而无求，惟抱孤忠，愤国威之未振耳，故敢僭易。

与高抑崇书

宣和之末，先君至京师，诸俊秀谒祭酒杨公，公首以阁下为称。迨阁下召自闲废，有成均之命，窃自计曰："太学者，明人伦之所在，今天下方无三纲，斯人其不来。既而闻至，则受命。"又自计曰："天下方无三纲，斯人之所以来乎？"及闻有退诗赋、进经义之请，又自计曰："此建明人纪之渐也。"此请既行，日月久矣，寂无所闻。及见请行幸太学之表，某心惕然，不意阁下有斯请，而有斯言也。自中原失守，銮舆南渡，行幸之所虽无定计，然尚仇敌而不为之臣也。及今柄臣擅国，违天逆理，专事阿党，利惑君心，阻塞义理之路，而汲引庸佞，戕伐国本，以奉事仇敌，袭旧京败亡之道。昔秦、楚，敌国，怀王不反，楚人怜之，如悲亲戚，盖忿秦之以强力奸诈其君，使不得其死，其痛胜于加之刃也。太上皇帝，我中原受命之主，劫制敌人，生往死归，此臣子痛心切骨，卧薪尝胆，宜思所以必振者也。而柄臣者乃敢欺天罔人，以大仇为大恩乎！昔宋公为楚所执，及楚子释之，孔子笔削《春秋》乃曰："诸侯盟于薄，释宋公。"不许荆蛮之人制中国之命也。太母，天下之母，其纵释乃惟金人之命，此中华之所大辱，臣子所不忍言者也。而柄臣者乃敢欺天罔人，以大辱为大恩乎？大宋基业封疆，皆太祖、太宗收用英俊，勤恤民隐，躬擐甲胄，与天下均其劳苦以得之。又累圣严恭寅畏，不敢荒宁而守之者也。今关、河重地，悉为敌封：园陵暴露，不得瞻拜；宗族拘隔，不得相见；土地分裂，人民困苦，不得鸠集；冤恨之气，外薄四海，不得伸雪。而柄臣者方且施施然厚诬天下，自以为有大功乎！

阁下受其知遇，何不恳恳为之言乎？言而或听，天下国家实幸也。晋朝废太后，董养游太学，升堂叹曰："天人之理既灭，大乱将作矣！"则远引而去。今阁下目睹忘仇灭理，北面向敌，以苟宴安之事，犹偃然为天下师儒之首。既不能建大论，明天人之理，以正君心，乃阿谀柄臣，希合风旨，求举太平之典，又为之词云云，欺天罔人，孰甚焉！是党其恶也。人皆谓阁下平生志行扫地尽矣。数十年积之，而一朝毁之乎！《春秋》之义：诛国贼者，必先诛其党。历观往古人君，以无道行者犹不能终，况人臣而敢肆然以无道行之乎？一旦明天子监乱亡之祸，赫然震怒，以咎任事者，呜呼危哉？岂不与董养异哉？阁下不及今翻然改图，必与之俱矣。某素以阁下为一世人物，心所期望，义不得默，惟留意以无负名贤知许。

与曾吉甫书（三首）

方今圣学衰微，士风卑陋，可与共为仁者极少。自非得真积力久、名世大贤作而振之，则人道何由而立？然游河南之门，得其指归者，零落殆尽，今之存者，虽未获亲炙，叩其所安，然言论风旨传闻于人者，亦似规矩宽纵，不加严谨审，如是则后学将安所止也？只如王学士说佛氏："实见道体，差了途辙，故不可与入尧、舜之道。"大意虽是，而言语则有病矣。何以言之？某窃观子夏所谓君子之道，孰先传焉，孰后倦焉，譬诸草木，区以别矣。又伊川曰："冲漠无朕，万象森然已具，未应不是先，已应不是后。如百尺之木，自根本至枝叶，只是一贯，不可谓上面一节事，无形无影，却待人去安排，教入途辙也。既云途辙，则只是一个途辙。"若佛氏实见道体，则途辙何缘有差？故伊川谓佛氏略见道体。今王氏乃改"略"为"实"，既以为"实见"，又言"差了途辙"，岂不迷乱学者哉？伏读来教，谓佛氏所以"差了途辙"者，盖由见处偏而不该耳。见处偏，践履处皆偏。大抵入道，自有圣人所指大路，吾辈但当笃信力行，其他异同一笔勾断。窃仰所见分明亲切，足为后学津梁，正先人平日期望之意也。然吾丈又一书，既言"自可欲之善，至于圣神，若大路然，何疑何殆"，却又言"至于未发时一段，须力行以造极，自然明见"。窃疑前后似相牴牾，不知精意何如，伏幸垂教。

杨先生《中庸解》谓："中也者，寂然不动之时也。"按子思说，喜怒哀乐未发谓之中，则是杨先生指未发时为寂然不动也。顷侍坐时尝及此，谓"喜怒哀乐未发"，恐说"寂然不动"未得。吾文曰："杨先生如此解，某悚然愧惧。"窃谓于先觉所言，但当信受奉行，遂不复启齿。今来教举尹先生之说亦如是。某反覆究观，茫然莫知所谓。"心性"二字，乃道义渊源，当明辨不失毫厘，然后有所持循矣。窃谓未发只可言性，已发乃可言心，故伊川曰"中者，所以状性之体段"，而不言状心之体段也。心之体段，则圣人无思也，无为也，寂然不动感而遂通天下之故是也。未发之时，圣人与众生同一性；已发，则无思无为，寂然不动感而遂通天下之故，圣人之所独。夫圣人尽性，故感物而静，无有远近幽深，遂知来物；众生不能尽性，故感物而动，然后朋从尔思，而不得其正矣。若二先生以未发为寂然不动，是圣人感物亦动，与众人何异？尹先生乃以未发为真心，然则圣人立天之大业，成绝世之至行，举非真心耶？某虽粗承过庭之训，而未尝广交天下之英，寡陋为甚，矧今孤露，苟不肆言，激精微之论，以祛蒙除蔽，则将终身如是而已矣。故此言非敢直诋二先生，所以求教也。

二先生，万夫之望，百世师表，所言但当信从，不可妄疑其失。然审问明辨，《中庸》之训也。有所未明，不敢但已，承举先君子之言为诲，怆然内伤，如见颜色。惟先君子所谓"不起不灭"者，正以"静亦存，动亦存"而言也，与《易》"无思无为，寂然不动，感而遂通天下之故"大意相符，非若二先生指喜怒哀乐未发为寂然不动也。某愚谓方喜怒哀乐未发，冲漠无朕，同此大本，虽庸与圣，无以异也；而无思无为，寂然不动，乃是指易而言，易则发矣。故无思无为，寂然不动圣人之所独，而非庸人所及也。惟无思无为，寂然不动，故感而遂通天下之故，更不用拟议也。"喜怒哀乐未发"句下，还下得"感而遂通天下之故"一句否？若下不得，即知其立意自不同，不可合为一说矣。恐伊川指性指心，盖有深意，非苟然也。心性，固是名，然名者，实之表著也。义各不同，故名亦异，难直混为一事也。尹先生指喜怒哀乐未发为真心，既以未发，恐难指为心。又读前教，盖尹先生所论已发未发，却偏指未发为真心，故某疑其不然。今蒙垂诲，若见真心，则已发未发皆真，自是释然无疑矣。来书又云"政使不见自真"，窃所未晓，惟不以烦渎为罪。

与刘信叔书（五首）

天家暂寓江南，自东海至西蜀，延袤几万里，而太尉控制之地，辟如人身，适当腰膂。腰膂强，则手足举，而元首兴矣。昔自晋及南朝，荆州财赋甲兵当江左之半，真天下重任也。由丁未岁以来，屡遭屠破，赤地千里。逮乙卯岁，群盗尽帖之后，州县建置二十有五年矣。今犹极目蒿莱，开垦不及十之二三者，由前此执国命者以为茧丝，不以为保障也。是以民户输纳之数少，而上供之数多。举此一端不遣，民何由来集，而望蕃庶耶！太尉国家谋士信臣也，宜以其实为上言之。若得徭役遂希，赋敛遂薄，劳来安集，数年之后，便可富庶。而士马精强，以之守御攻伐，无不如志矣。所以敢言之者，为太尉天下人望，而某尝蒙眷顾之重故也。

伏闻载岁天宠增俸畋田，上思旧勋，致此恩数深。原其旨可为太尉贺，又可为天下忠臣义士贺也。上晦养海滨二十余年，必有汉祖欲东之意，将行周宣六月之事，所以慨然发中旌，礼勋贤，为起用之渐。太尉平日发舒有期矣，天下忠臣义士行有风云之会，岂不可贺？虽有尊主庇民之心，然战战兢兢者，曾参所以全其身；栗栗危惧者，成汤所以大其业。推此心也，发而为思，愚望太尉以圣贤此心为宝，宝而持之。一旦当事任，则贤才可进，人心可收，中原可定，边人可服，而君父之仇可报可雪矣。

治道以恤民为本，而恤民有道，必先锄奸恶，然后善良得安其业；而锄奸恶民之道，则以得人为本也。荀卿有言："弓良然后求劲焉，马服然后求良焉，士必悫而后求智能。"若忠诚不足，虽有材用，譬诸豺狼，不可迩。新幕属向沈，其父忠毅公临难死节，闻于天下。渠未尝忘夺大辱之积志也，然耻亡攀附，奇蹇至今，忠信诚悫，遇事不苟。若蒙知察，不以常人遇之，渠必欣然愿居幕府，决能有补于高明，庶几可以比方董幼宰、徐元直乎！不然，未必不逡巡，不就矣。太尉开某使言，故敢借越。

岳庙百五十年间，天降之灾者再矣。某窃尝探讨天道与人事本于一理，在天为皇帝上帝，在人为大君，岂有二哉？大君有二，则人事乱矣。五岳视三公，此三代之制，不可改也；五岳与皇天上帝并为帝，则天道乱矣，又况岳神者？总集一方之诚，通天通地，变化莫测，今乃为之象貌，为之立配，为之置男女。屋而贮之，亵渎神明，不亦甚乎！礼官能乘天灾，遂建此议以复古制，则大善矣。不然，劳民费财，岂易得成？既已请于朝，能少俟之，奉命从事，庶几无失也。太尉高明，何资愚者之见？以蒙谦下之命，不敢不献其衷。

荆湘之间，有主户不知爱养客户，客户力微，无所赴诉者。往年，鄂守庄公绰言于朝，请买卖土田不得载客户于契书，听其自便。朝廷颁行其说，湘人群起而窃议，莫不咎庄公之请，争客户之讼，有至十年不决者。某因躬耕之际，稽诸天道，察诸人情，则贵贱之相待，高下之相承，盖理之自然也。蜂屯蚁聚，亦有君臣之义，况人为万物之灵乎？是以自都甸至于州，自州至于县，自县至于都保，自都保至于主户，自主户至于客户，递相听从，以供王事，不可一日废也，则岂可听客户自便，使主户不得系属之哉？夫客户，依主户以生，当供其役使，从其约束者也。而客户或禀性狼悖，不知上下之分；或习学末作，不力耕桑之业；或肆饮博而盗窃，而不听检束；或无妻之户，诱人妻女而逃；或丁口蕃多，衣食有余稍能买田宅三五亩，出立户名，便欲脱离主户而去。凡此五者，主户讼于官，当为之痛治，不可听其从便也。而不可不听客户之从便，则有一焉。夫贵以贱为本，高以下为基者也。是以虽天子之贵，而保民如保赤子，况主户之于客户皆齐民乎？故主户之于客户，当为之安立生业，劝其耕耨，平其收敛，哀其忧而贺其喜，使之生足乐而死无憾。则世世服役，虽逐之不去矣。若主户者不知保爱客户，呼之以奴狗，用之以牛羊，致其父母妻子盼盼相视，枵然丧其乐生之心，忘其怀土重迁之真性，惟恐去之不速者，则主户之罪也。夫如是者，官当戒斥主户，不受其诉，使知反身思善，各务保爱客户，一切细民均被天子之泽，咸乐其生矣。其有补于政教，岂不大哉？如愚言或可采，当官者能合议，画为条目，行下一路，以称明天子倚仗仁贤、教养斯民之意，不胜幸甚！

与原仲兄书（二首）

顷观来书，颇推信释氏，此误之大者。某辄有献焉。河南先生举世皆以为得圣人之道者，其言曰："道外无物，物外无道。"是天地之间无适而非道也。兄不事科举，杜门读书，有晨昏之奉，室家之好，嗣续之托，交朋友，使奴隶，夏葛冬裘，渴饮饥食。必如是行之，而后慊于心。此释氏所谓幻妄粗迹，不足为者。曾不知此心本于天性，不可磨灭，妙道精义具在于是。圣人则寂然不动，感而遂通，而百姓则日用而不知耳，盖不可以有适莫也。今释氏不知穷理尽性，乃以天地人生为幻化。此心本于天性不可磨灭者，则以为妄想粗迹，绝而不为，别谈精妙者谓之道，则未知其所指之心，将何以为心？所见之性，将何以为性？言虽穷高极微，而行不即乎人心。兄以为最亲切，得无未之思乎？昔孔子下学而上达，及传心要，呼曾子曰："吾道一以贯之。"曷尝如释氏离物而谈道哉？曾子传子思，亦曰"可离，非道也"。见此则心迹不判，天人不二，万物皆备于我，反身而诚，天地之间，何物非我？何我非物？仁之为体要，义之为权衡，万物各得其所，而功与天地参焉。此道之所以为至也。释氏狭隘褊小，无所措其身，必以出家出身为事，绝灭天伦，屏弃人理，然后以为道，亦大有适莫矣，非邪说暴行之大者乎？方今圣学衰微，自非真积力久之儒辞而辟之，则天下之祸未易息矣。昨寄答曾漕书去，兄以书来，曰："叙以主张名教为心，其论甚正。"名教、释教，岂有心于分别？惟其是而已矣。释教是也，名教非也，而欲主张名教，则私心矣，言岂能正乎？名教是也，释教非也，则言必名教矣，岂有心于主张耶？其有心于主张者，贰以私心也，言贰岂能正乎？大人所言，盖任理而言，以辟邪说，非苟以主张名教为心而已也。兄力学有年，行义信于乡党，后进之所矜式。愿益弘圣人之正道，勿过听释氏之邪说。时赐警诲，某之愿也。

昨蒙报教，反覆十读，谨思自得之至言，博求之大论，以为学道之规程，知言之蹊辙，不敢忘也。至于致疑圣人以为未尽，推信释氏以为要妙，则愚意之所未安。释氏与圣人，大本不同，故末亦异。何以言之？五典，天所命也；五常，天所性也。天下万物皆有则，吾儒步步著实，所以允蹈性命，不敢违越也。是以仲尼从心而以不逾矩为至，故退可以立命安身，进可以开物成务。圣人退藏于密，而吉凶与民同患，寂然不动感而遂通天下之故，体用合一，未尝偏也。不如是则万物不备。万物不备，谓反身而诚，某不信也。释氏毁性命，灭典则，故以事为障，以理为障，而又谈心地法门何哉！纵使身心休歇，一念不生，以至成佛，乃区区自私其身，不能物我兼忘，与天下大同也。以其不识本宗，故言虽精微，行则颠沛，其去仁远矣。正是小智自私之流谓之大觉，可乎？若大本既明，知言如孟子，权度在我，则虽引用其言，变腐坏为神奇，可矣。若犹未也，而推信其说，则险诐淫荡、奇邪流遁之词善迷人之意，使之醉生梦死，不自知觉。故伊川谓学者于释氏"直须如淫声美色以远之"，非苟言也。兄在家有孝弟之行，居乡有信善之实，行之于身而安，施之于父母妻子而顺，于性命之理得矣，奈何又弗察而推信之耶？不知释教有圣人所未尝言者何道，言而未尽者何事，乞一一见教。至如文中子谓"佛为西方圣人，施之中国则泥"，夫圣人与天地合德，其生则有方所，其道岂有方所而施之中国则泥哉？且其教，天竺国人自不可皆从之。其泥而不可行，施于四夷八蛮皆然，何独中国？使天伦可已，秉彝可灭，则有行而不泥之方矣，然乌有是哉？肆笔纵言，尚幸垂诲。

与陈应之书

顷蒙颁惠先集，伏读再三。见谏议虽去言路，犹知无不言，言无不尽，剔抉奸邪，披其根而破其胆。坐是流离，至死不悔，大名扬于天下，昭若日月。执事遵介洪业，故得简在上心，复寮宥密，虽不当言责，然后为国家深思远虑，固当异于人也。某窃请今日之事，名与实反，言与事乖，忘仇而曰爱民，降敌而曰和戎，方衰而曰中兴。执此以为国是，坚不可破，有动摇者窜逐随之，忠臣义士虽欲建言，亦何恃而敢？夫壅塞言路，行于治安之时尚且不可，况今日危急存亡之秋乎？某之愚计，以为上春秋已逾鼎盛之时，自汴都横溃，皇宗北徙，枝叶未茂，维城之助，有识为忧，而储副未建，何以系天下之望？若群臣密谋，以此义达于左右前后，有思虑其力可以回天者，使明知利害者多，然后言上，东宫倘得早建乎？于是广搜天下之英俊，使与居处出入，庶乎有变通之道，于将来可以弭祸乱而救危亡也。则谏议忠于国家之志，益昭明光大矣。某少壮之时，自知禀赋蹇薄，颓心荣进，又更历艰难，念益灰冷，惟忠与孝出于天性。鉴观前代，揆今日之事，愚实寒心，中夜抚膺，慨然兴叹，敢以愚虑告于知己。真如河滨之人将负土以塞孟津者，力虽不逮，是心岂可忘也！

与樊茂实书

丙午岁睽异，至戊子才一通问，以迄于今。仰惟进德，不可量也。伊洛老师为人心切，标题"天理人欲"一句，使人知所以保身、保家、保国、保天下之道。而后知学者多寻空言，不究实用，平居高谈性命之际，亹亹可听，临事茫然，不知性命之所在者，多矣。察院学该本末，必无偏而不起之处，以为今日之事何如也？天理存乎，不存乎？人欲肆乎，不肆乎？天理绝而人欲消者，三代之兴王是也。假天理以济人欲者，五霸是也。以人欲行而暗与天理合者，自两汉以至于五代之兴王盛主是也。存一分之天理而居平世者，必不亡；行十分之人欲而当乱世者，必不存。其昭然如日月，断然如符契。大纲隳坏，人欲滔天，未有如斯时者也。察院将何以救之？呜呼！世道穷矣，而国储君副未定。若能积其诚意，孚于上下，大论朝发，东宫夕建，辅之以智虑谋略之士，庶几有变通于将来乎！某年余半百，多病已衰，不足为世用矣，所以区区进言者，蝼蚁天性，疾痛切身，不得已也。有言责者，不得其言则去，此守官者之常式耳。君子以康济为心，言不苟发，期于必中，事不苟言，期于有成，可以革蛊成新则为之，可以表正天下则为之。一身之去就，轻如鸿毛，不足计。公其勉旃，以慰朋从之望！

与汪圣锡书

人传除目，知公渐登华，近可以行志，喜而不寐。大丈夫得路，固将辅是君，而济斯民也。若随行逐列，汩没尘中，不知大虑，则与常人何异哉！为天下者，譬诸为大厦，大厦将倾，必迁地易乡，筑正柱石，更抡栋梁，然后可也。而主人谦退未遑，只欲修一榱、易一桷而已，是果有益于大厦之倾乎？践履动摇，其倾必速。都司谓今日之事势如也？《易》："穷则变，变则通，通然后可久。"若能密赞于万化之原，使国有储而君有副，辅之以端人正士，庶几有变通于将来。不然，则天下孰敢有复少康之望哉！由今之道，守今之术，以东南无根本藩垣之故，而欲与金人持守中原，是诚可为寒心。某年龄虽未，齿发已衰，迩来疾病益侵，待尽而已。所愿如都司辈人，舍头目脑髓，为天下布施也。虽然，舍之易，舍之而有益为难。故圣人在睽乖未合之时，有见恶人之弘大，有遇主于巷之忠诚，不直情径行，求必济，不阿谀苟合而但已。都司以为何如？

与沈元简书

窃惟古圣人之言，无不入时事者。孟子亚圣，故其言与圣人相似。其言曰："圣人之于天道，命也，有性焉，君子不谓命也。"今日宋室衰亡，金人强盛，天子卑微，邦昌尊显。以人事言之，倒行逆施，不可之甚者也。然"无平不陂，无往不复"，天道如此，一盛一衰，运行不已以成命。惟圣人参和天地，以沦于时。命之一偏，而失天性之大体，必自理于衰微之内，以须兴盛之复，如夏少康坚忍自立于寒浞之时，而不委诸命是也。是故卉木之凋落，所以滋根也；龙蛇之蟠蛰，将以王神也。根滋然后发生有望，神王然后变化莫测。今也花叶虽落，而根不滋；牙角虽蛰，而神不王；委于命，而不理其性。察院将何以救之？某窃谓治乱兴废，循环无端，本无定体，顾在忠臣义士变化如何耳。今日事之大且急，有如国储者乎？孰能奋不顾身，建此大议乎？昔司马文正居官下位，犹敢发于平时，况今日耶？事君有定，辅以端正深思远识之士，庶几有变通于将来。不然，天下之事诚可寒心也已。古人立朝，扶颠持危，发言动听者，其言不枉，其事不苟，至诚孚于上下，奠而后发，发而必中。察院积学醇深，何用愚者进言？然千虑一得，想贤者亦愿闻也。

与向伯元书

穷居杜门，躬理耕植，时读经史，以求寡过。所恨离索，无讲论之益耳。知代者未来，利害可以兴除者，计仁者犹不倦也。经界，真良法也。其初依大禹九等之法，乃为尽善。主议者坚执三等，以为简易。事既行矣，今再有旨令去害民者，若于今所定三等中分为九等，虽有一时之烦劳，既定则为久远之利，惠及一路，其德岂小哉！又不知令逐县均税乎，逐乡均税乎？欲逐县均，须是深思博访，晓然见逐乡民户纳税，远近难易，然后一县之税可均也。若逐乡均，则一县之税，诸乡不同等，须于砧基簿总田上中下处各书其税数可也。上田一亩，税若干升合，中下亦如之。若不如此书，则民户不知分合承税数，税数出于乡司轻重之手，而民受其弊矣。

与丁提刑书

论为学者，贵于穷万物之义；论为治者，贵于识百职之体。孔子曰："学之不讲，是吾忧也。"夫圣人何忧？学者，所以学为治也，讲之熟则义理明，义理明则心志定，心志定则当其职，而行其事无不中节，可以济人利物矣。反是，则其害岂可胜言？圣人心在天下，岂得不以为忧？明公持节登车，来临泽国，有澄清之志，有爱民之诚。惜乎讲之不素，未得宪台之体也。宪台者，法令之所在也，纲纪之所凭也。行法令，振纲纪，莫大于举才能，刺奸宄，使盗贼屏息不敢作，刑狱清明，得其情而已。今明公不然，大揽七郡、一监、三州、六县之词讼而毕听之，窃恐失其职也。古人有言曰："庖人虽不治庖，尸祝不越尊俎而代之。"明公愤郡守县令之不治，哀在下细民之冤枉苦失职，慨然欲使之各得其所者，何不审察守令之行事，博采于舆言治有善最者？举而扬之，则莫敢不劝矣。

与黄继道书

侍郎以明哲之资，抱经济之学，不知以今之世为何等世也。务引责难，天下望焉。某虽未获承教，然寄示《语解》之德不可忘，故不敢不尽其忠。孔子曰："成事不说，遂事不谏，既往不咎。"虽成事不说，遂事不谏，然事既未往而犹在也，可但已乎？朝中熙洽安居，无一兴作，而远方自困敝极矣；上下相蒙，不知其终，此愚者在闲旷犹寝食不能以自安者，况参法从当论思献纳之任者乎？愿进忠嘉，以慰天下之望。

与折允升书

辱书，不意令祖母倾逝。《礼》曰："父在，为母齐衰服。"在齐衰中不敢见其父者,不敢以丧礼见也。父为至尊,至尊在,则不得伸其私。尊于嫡母如此,于妾母则又不得如此矣。

与张敬夫(七首)

愚无知,而贤者过听,以为似有所闻,可与论学,下问以为仁之方。世衰道微,及此者鲜,过望,幸甚!第某孤陋,不足以发贤者之深思也,然蒙谦下之诚,不敢虚辱,请试道愚见。私意害仁,贤者之言是也,如令尹子文之忠,似不可谓之私意,而孔子不以仁许之;如陈文子之清,亦似不可谓之私意,而孔子亦不以仁许之。仁之道大,须见大体,然后可以察己之偏而习于正。乍见孺子入井之时,孟子举一隅耳,若内交,若要誉,若恶其声,此浅陋之私,甚易见也。若子文之忠、文子之清,而不得为仁,则难识也。敬夫试思之。此言或有理,幸深思之,则天地之纯全,古人之大体,庶几可见乎!

又

寻常士子讲学,举疑义,欲相滋益,其不复嗣音者多矣。向以子文、文子不得为仁之义闻于左右,左右久而不忘,复以见教,此所以加于人一等也。来教曰:"仁岂易言哉?须会于言意之表,而的然有见焉可也。"此言诚是也。某反覆来教,以左右未能进于此者。然则欲进于此,奈何?左右试以身处子文、文子之地,按其事而绳以仲尼之道,则二子之未知者庶几可见,而仁之义可默识矣。孤陋据所到而言,未必是也,惟留意裁察,幸甚!又示谕子文、文子之说,善矣。然犹是缘文生义,非有见于言意之表者也。子思曰："思事亲，不可以不知人；思知人，不可以不知天。"仁也者，人之所以为天也，须明得天理尽，然后克己以终之。以圣门实不与异端空言比也。空言易晓，实际难到，所以颜回、仲弓亚圣资质，必请事斯语，不敢以言下悟便为了也。敬夫高明谦下，愚见及此，不敢不告，然亦未必便是极致也。有以见教，却望毋惜。

又

学圣人之道，得其体，必得其用。有体而无用，与异端何辨？井田、封建、学校、军制，皆圣人竭心思致用之大者也。秦汉而下兴者，虽是英雄，亦岂能胜于圣人哉？改制立法，出其私意，一世不如一世。至于近世，坏乱极矣。欲复古者，最是田制难得，便合法，且井之可也。封建，择可封者封之，错杂于郡县之间，民自不骇也。古学校之法，今扫地矣，复古法与今法相增减，亦可也。军制，今保伍之法犹在，就其由增修循，使之合古，行之二十年，长征兵自减而农兵日盛。但患人不识圣人因天理、合人情、均平精确、广大悠久之政，不肯行耳。图尽是死法，无用也。心之精微，笔舌岂能既哉？其法具在方册，只是散乱不成条理，精考精思，便自可见。

又

时蒙不弃，访以大道，殊激颓衷。夫理不穷则物情不尽，物情不尽则释义不精，义不精则用不妙，用不妙则不能所居而安，居不安则不能乐天，不能乐天则不能成其身矣。故学必以穷极物理为先也。然非亲之，则不能知味。惟不知味也，故终有疑，必待人印证也。左右既进乎实弟，必敬以持之，高明博厚，日进无疆。圣门有人，幸甚！幸甚！又，不意尊夫人倾背，伏惟孺慕号绝，何以堪居？然先王制礼，归于一者也，所以消息以道，毋过摧伤，勉襄大事。古之人进德修业，正在难处之间，要不失至理而已。又，叠蒙相公亲翰之赐，又蒙特遣名医为之切脉察病，而叔父处又传致钧念之厚，下情感戴，不可言陈。窃伏自念，所以得此者，岂不以其粗能安贫守道，或不玷其先人故乎？大君子顾盼后进，成人之美，幸甚幸甚！愚望相公推此心，广收天下真才实能忠信之士，使无遗弃，以俟明天子赫然震怒，欲匡天下，图仕旧勋，则拔茅连茹，使各尽其器用，临时无乏，使之嗟而中原可复矣。此固相公之素有，区区之意自不能已耳。不敢专札尘渎告代，次致此愚诚。

又

比得款论，窃识左右胸中正矣、大矣。大体既是，正好用功，近察诸身，远察诸物，穷竟万理，一以贯之，直造寂然不动之地，然后吉凶与民同患，为天之所为矣。此圣门事业也。敬夫勉之哉！则又有进于左右者：尧授舜，舜授禹，曰："人心惟危，道心惟微。"微，言微妙也；危，言无常也。故孔圣自十五志于学，积十五年工夫，然后敢以自许。自是而后，每积十年工夫而一进，未至从心所欲不逾矩，则犹有人心消磨，未莹彻也；及至从心所欲不逾矩，方才纯是道心，与天无二。故《中庸》称孔子之德，终以"天地之所以为大"结之，更不称仲尼也。今之学者少有所得，则欣然以天地之美为尽在己，自以为至足矣。就世俗而言，亦可谓之君子，论于圣人之门，乃是自暴自弃耳。

左右方妙年，所见大体已是，知至矣当至之，知终矣当终之，则曾、颜地位何患不到？敬夫戒之哉！乾乾不舍，工夫深后，自然已不得也，今且当以速成为戒耳。某病渴已十余年，又见中外兄弟皆不寿，心常不自保。道学不明，卒至禽兽，逼人甚矣，未有能振起者。敬夫资禀颖异，故乐以告，不自知其愚也。有不中理，却幸指摘，当益思其所未至。

又

辱示《希颜录》，足见稽考之勤。辄忘固陋，肆笔写其所闻，未必皆当也。敬夫所得，却以见告，至望。先贤之言，去取大是难事。如程子语录云："颜子合下完具，只是小，要渐渐充扩之。"此乃常人，非颜子也，既是小，则如何谓之完具？若论秉彝，则人人完具也，何独颜子？颜子所以资禀过人者，正以其大，便有一个合德于天地气象也。此段正先生所谓"一两字错，便转了，只知得他意"此类是矣。又如《正蒙》云："颜氏之进，则欲一朝而至焉，可谓好学也已。"似如此迫切，亦说颜子未著也。文中子之言诞漫不亲切，扬子云浅陋不精通，庄子坐忘费力、心齐支离，《家语》如"不容然后见君子"恐亦未免于陋也。敬夫猛勇精进，诸人有未到处，他日当自见。以下喻谦勤，故不敢不摘其一二也。

又

庄子之书，世人狭隘执泥者，取其大略，亦不为无益。若笃信君子，句句而求，字字而论，则其中无真实妙义，不可依而行也。其说夫子奔轶绝尘事，类如此矣。如关西夫子说颜子之叹，于颜子分上虽未精当,然正学者之所当有事也,与"欲一朝而至"迫切之语,盖不同矣。龟山如字之解、左右之论是也。某之意《希颜录》如《易》《论语》《中庸》之说,不可瑕疵,亦须真实见得,不可瑕疵然后可也。其他诸说,亦须玩味,于未精当中求精当。此事是终身事,天地日月长久,断之以勇猛精进,持之以渐渍熏陶,升高自下,陟遐自迩,故能有常而日新,日新而有常,从容规矩,可以赞化育,参天地而不过也。

与彪德美(二十三首)

辱示以所见,甚慰。此事真要端的有著落,空言泛泛,何益于吾身?上蔡先生"仁敬"二字,乃无透漏之法门,惟益勉旃,以副所望。

又

"形而上者谓之道,形而下者谓之器",不知公如何分解?须是指摘分明说出,难为模胡说也。看《通鉴》有得,毋惜以一二精义见教。吾徒幸不蔽固于俗学,圣贤事业幸有一线路可以究竟,惟不志于功利、死而后已者,可与共进此道耳。吾友勉之!

又

"形而上者谓之道,形而下者谓之器",更曾细观《语录》入思虑否?"阴阳亦形而下者",此语如何?理趣须是自通贯,随人言语是不可也。某见侯先生说此句,信以为是,更不致思,前日顿省犹未是也。经可易读乎？如尹先生《语解》，亦未可轻易，使高明之人有妣蜉撼大树之笑也。如何？某年齿往矣，虽摧颓，而志方欲振耀，所望直谅之友左提右挈，庶几不丧素志乎！勉之勉之！交相警戒可也。

又

"寂然不动""感而遂通天下之故"，与未发、已发不同。体用一源，不于已发、未发而分也。宜深思之。

又

所见果分明，不必虚为谦让。若未分明，正要提起熟讲，然后可望上达。天命至微，自非亚圣大贤，孰敢便为已贯通？惟是念念不忘，庶几日日有功，不至坠堕也。

又

左右书词有得有失焉。志近思，得也；迫切，则苦而不可久。悔过而不能释去，则局束而不可大。欲速如圣贤，以未见近切，而自谓恐终不能至，则大非所望也。孔子曰："无欲速，无见小利。"不特为政，学亦如是也。孟子曰："心勿忘，勿助长。"此养心之要道。今欲进学而不终，其去仁也远矣。吾友勉乎哉！

又

学问之道，但患自足自止耳。若勉进不已，则古人事业决可继也。史书自威烈王三十三年而下，其年纪、世次、兴亡，大致尝略考之矣。自是而上，及鸿荒之世，所可知者，则未尝深考之也。今博取群书，取其中于理、不至诬罔圣人者，用编年为纪，如《通鉴》然，名之曰《皇王大纪》。考据三代，虽未精当，然亦粗有条理，可辨王伯，不至纷纷驳杂，如前史所记也。

又

黄、沈有《论语说》，某因其说，亦有数段。学问不可不讲，讲看便见病败也。前辈凋零殆尽，续之使不绝，正在后辈，吾徒其可以此事若存若亡乎！直须如粥饭，不可少一顿可也，又况欲张而大之乎！呜呼！执书册则言之，临事物则弃之。如是者，终归于流俗而已矣。切不可不戒也。

又

社祭礼秩视三公，不知有何经可以为证。伐鼓于社，以助阳也，非责社也；变置者，更新坛位，尽敬焉耳，非责罚也。更试思之，有可见告者，无吝反复。明道所谓"不有益于此，必有益于彼"，不可寝默但已也。

又

闻有相从欲学文者，须依东坡之法令，熟读《左氏》、两汉、韩、柳之文，则他日所成就必大有可观者。因是虎变，亦未可知也。若苟且近功，辟如万户棋子争胜负，能提先手，超迈等伦乎？

又

天帝精义，须自有说，但恐思之未至耳，不可便以《孝经》

之言为不是,须反覆思索可也。禘喾郊稷,却似无可疑者。太王为狄所攻,屈己事之,岂得已哉!可谓之乐天乎?

又

郊祀之礼,建正之义,考之颇详,然恨未精也。如蜡祭,既谓合聚万物而索享之,则何可谓以八神为主?社主报啬,其祭在春,首见于何经?地固配天,谓当立北郊方丘,与天分庭抗礼,恐于义理不然,更思以见教。三王建正不易月,《通鉴》纪秦汉已遵用矣。《大纪》中固已纪实,更精者《通鉴》可也。

又

"思曰睿,睿作圣",岂可放下?若放下时,却是无所事矣,无所事则妄人矣。若太劳则不可,诚如教语也。又老人、病人、衰人有死之道,然以目前观之,死者亦未必便是老人、病人、衰人。盖修短有数,一定而不可变,虽圣人与造化同,于修短亦听之,未尝别致力也。此所以为圣人欤?在众人则不奈何著死耳。凡事皆然,不特死生也。饮水曲肱,安静中乐,未是真实乐,须是存亡危急之际,其乐亦如安静中,乃是真乐也,此事岂易到?古人所以惟日孜孜,死而后已也。读书一切事,须是有见处方叵。不然,汩没终身,永无超越之期矣。众人汩没不自知觉,可怜可怜!

又

下谕卫所以为变风之首者,伊川云:"以卫首坏王制,并邶、鄘之国故也。"尝考卫顷公之薨,在夷王末年,夷王之世,方下堂而见诸侯，未见诸侯有相吞并者。伊川云"卫首并邶、鄘"，据《诗》而言，可信。故各系其国，以见卫之罪也。文中子为《小雅》为周之盛者，言其初也；季子以为周之衰者，言其末也。其从如云、如雨、如水，恐先公之说得其要也。何以言之？盖民从君者也，君从之，然后臣民从之。圣人之法常在于端本清源，岂可舍本源而就末流乎？

又

《关雎序》云"不淫其色"，故伊川言："淫其色，非后妃之事；求淑女，诗人之意。"此虽先生之说，然录者亦多误，未可全信也。先生之说，何以未可信？为《关雎》之诗言后妃之德故也。若是诗人之意，即非后妃之德矣。后妃之德，以不妒忌为至，故乐得淑女以配君子。忧在进贤，不淫其色，进其贤而已，非以貌，不使君子淫其色也。在后妃分上大有意味。使后妃有是德，则人君不修内行等事，一切消磨扫除尽，虽欲发而不可得。此《易》之所谓"女贞"者也。深考此说，则伯氏之非苟发矣。

又

《大纪》工夫不敢辍，首盘古不可移也。事则信以传信，疑以传疑；理则可存者存，可削者削。近于三皇之世，载些语言甚有意思，俟面见求益也。来书末后所赞鄙言，因事愤发，既以自警，又以奉告。若不于此省悟著工夫，真可惜逡巡枉过一生也。临死而后悔之，则无及矣。德美当有见处，不可为事物所驱役不知觉也。大抵情所重处，便被驱役，自以为是，而不知区区于一物之中，可惜哉！人本与天地同德，乃自弃于一物，可惜哉！某为此言者，非谓德美为事物驱役也，大概相警发耳。其为事物所驱役，不为事物所驱役，惟德美自知之，某不得而与也。勉之勉之！

又

井田、封建，施仁恩之大纲也。商鞅、王莽事甚明白，在所不论。董子限田之策，欲渐近古。而唐时府兵之制，亦师古者也。更能将历代田税制度精考，幸甚！周之宗庙只在镐，却于经无可据之文，而在洛，却有可据之事。当时周公营洛邑，郊于此，社于此，烝于此，诸侯朝于此，祼太室、行封赏于此，似宗庙在洛无疑也。故康王命毕公之文，直以洛邑为王室。唐、虞五载一巡狩，周制六年王乃时巡，车徒简易，非如后世有千乘万骑，辨严之难也。四时来朝享，何难之有？洛在畿疆之内，无告行之礼，若适诸侯则告行，亦非难事也。诸侯来朝享，礼必行于庙；报功行赏，亦必于庙，则洛邑固已朝诸侯，行封赏矣。故曰以宗庙在洛无疑也。惟告朝一事，思天子以祝文遣使，命东郊大臣代告，疑亦可也，但无经文可证耳。主命之文，为出疆设祭祖祢，告命为主，事有主名，非可泛行他事为文，况祭祀必于宗庙，而可行于疆外乎！或谓设虚庙于洛，载主在于是，遇时祭则祭，如烝于文王、武王是也。《礼》曰："当七庙、五庙无虚主。"则庙不可虚设矣，则所谓四岳之下皆有庙榭。又曰："明堂见于太山。"不知据何经而云然乎？成周宣榭火，是周东迁，平王都于此矣。其有固宜，又何可引以为证也？切更思之。

又

郊社之义，谨按孔子曰："礼者，义之实也。"王者祭天于郊南，面阴也。阴气者，地之体也。天尊地卑。王者，父天母地，不敢悖天地之大义也。郊特牲，而社稷太牢，具牛羊豕为太牢。太牢固非特牲，又安知其非牛羊乎？礼有以多为贵者，有以少为贵者。王者，父天母地，不必事事同，然后为礼。天无二日，土无二王，家无二主，尊无二上，自有等降也。只如人事父母，其孝爱之心则一，其事则不可同矣。礼以节文为主，若无节文，乃非礼也。《周礼》成于刘歆，歆是不知三纲之人，其书不可引以为证。孟子之言有激而云耳，当以活法观，若以死法观之，则得乎天子而为诸侯，得乎诸侯而为大夫。诸侯大夫莫非有功于民，乃得为诸侯大夫，若以得乎天子诸侯而为诸侯大夫，成甚说话？谓变置社稷，如天子变置诸侯。若欲变置土谷，则土谷不可变置。若欲变置勾龙周弃，则一世伟人矣。灵在天，不可以比。无道诸侯，诛责而变置之也必矣。又旱干水溢，人君当反躬修行，今反加诛罚于鬼神，果何义耶！《曲礼》下篇曰："天子祭天地，祭四方，祭山川，祭五祀，岁遍。"来教谓："《礼》曰：'天子祭天，祭社稷，祭五祀。'"出于何篇也？《曲礼》下篇又曰："诸侯祭方祀，祭山川，祭五祀。大夫五祀，岁遍。士祭其先。"《王制》曰："天子祭天地，诸侯祭社稷，大夫祭五祀。"夫天固诸侯之所不得祭，地虽为母道，又妻道也，臣道也。天子大社封五色土，诸侯各以其方色，是诸侯虽祭地，而比之天子则有等矣。诸侯方祀，殆为是乎！夫诸侯之不敢祭天，犹支庶人之不敢继祖也；诸侯之得祭地，犹支庶人之各母其母也。又按孔子曰："祭帝于郊，所以定天位也；祀社于国，所以列地利也。"又曰："礼行于郊，而百神受职焉；礼行于社，而百货可极焉。"又曰:"郊,所以明天道也;社,祭土而主阴气也。"又曰:"夫礼必本于天,殽地降命。命降于社之谓殽地。"又曰:"社,所以神地之道也,地载万物,天垂象;取财于地,取法于天,是以尊天而亲地也。"故教民美报焉。礼虽无明文,犹当以义起,况顺于理义,又有明文如此之多乎?更加深思博观天下之义理可也。

又

示谕数端,皆列圣因革大致也。漫具鄙见,幸却指其未到。建正,自黄帝、尧、舜皆建寅,夏后氏受禅,因而不革也。商之所以建丑,周之所以建子者,为天道至微,所以因时易命改建,所以发明三阳之义,以诏天下后世。其旨深远,不可浅近看也。二帝而上,恐未有是也。服色,恐是随五德之运。禹平水土,北方黑,故尚黑;汤征伐,西方金,故尚白;周亦征伐,火克金,故尚赤,不只以物生之色为上也。忠质文之更,尚承忠之弊,以敬。太史公之言非是。忠与质相近,大抵虞、夏质,殷、周文。殷人以木辂为先辂,是尚质也。周之五冕皆玄冕,朱里延纽,五采缫,十有二就,皆五采,玉十有二,玉笄朱纮,其文可知也。圣人欲乘殷之辂,服周之冕,是文质参用也。周以玉辂为先辂,今乘殷之辂,谓之变周之文,从殷之质,亦可也。礼乐之仪章器数,须有本文为之记,可也;不可谓之经,以其是有司之事耳。若《礼》之理、乐之义,则存乎《易》《诗》《书》《春秋》之中矣,故通谓之"六经"。贡赋,王畿之内,谷粟自足用,若夫礼乐制度所须之物,则取之九州四海然后足。故任土作贡,各以其所出,不必云取其美物以当谷税也。

又

鲁惠欲以私爱立桓公，隐公承父之志，不立乎其位可矣。今既居其位，又以让桓，则与有罪矣。《传》说未可，非也。首止之盟，义系于齐桓之会王世子，而不系于王世子会齐桓；无亏之杀，义系于宋襄，而不系于齐人。齐昭杀孝公之子，三《传》不载，未详其事，不可凿也。春秋之时，天子无号令，甚矣！卫惠既死，王命讨之，虽为后时，然犹胜终不讨也。齐桓承王命而不动大众，亦得轻重之宜矣。为卫侯者，即日因齐桓之京师，请归罪于司寇，以忠孝盖前人之愆，可也。师以是日至，直以是日与之战，甚矣！故义系于卫，而非系于齐也。圣人权轻重，不失毫厘。君子积数十年探讨之心而为之传，岂苟然也？凡有疑，则精思之。思精而后讲论，乃能大有益耳。若见一义即立一说，初未尝求大体，权轻重，是为穿凿。穿凿之学，终身不见圣人之用。

又

承讨论《春秋》学，某未能得髓，何足以辱公问？姑道所见。大一统之法，奉天子正朔是矣，恐不更当用首年也。商、周必改正朔者，三阳之发，天道至微，圣人推而行之，其用妙矣，但人未之思耳，非止于易民观听也。易月之意，无可疑者。圣人制作万世不易之典，其中大有革而不因者，曾易月之可惮乎！一个"春"字，便是行夏之时，正次王，王次春，则立意又别也。以周书考之，嗣子，即位于初丧者也。逾年之制，方欲讨论深思，只是国史于此年之首方记即位之事也。《春秋》之法，大复仇，然不为复仇而作也。复仇，《春秋》法中一事耳。幽王宠褒姒，黜申后，废嫡子，立伯服，破灭宗周，其罪甚大。故其父子间，圣人所难言也。及其赗仲子，蹈履车之辙，然后书而深罪之也。然则圣人所以不以复仇责平王者，其意所见，殆与书晋弑其君州蒲之类相近似乎？故谥法名之曰"幽""厉"，虽孝子慈孙不能改也。隐公若不自立，使诸大夫具事本末请王命，则可免矣，《传》谓隐无正者，正谓不请王命耳。故仲氏以摄为无正，为非义之所存也。故纪侯之去，与其他出奔者不同。故仲尼以"去国"书之，而不书"奔"。故不与其他失国者一例，以名书之也，可谓权轻重，不失毫厘矣。伊川先生未成书，故不能无毫厘未尽善处也。公子郢虽当立，孔子正名，必须请王命，然后为正也。田常弑君，告于哀公，哀公使告三子，孔子岂得不告？告而从，则必请王命，王若能从鲁请，兴义师，便为平定天下之端，不为东周矣。

又

首年之义，恐不可泥于一说。诸侯奉天子正朔，便是一统之义。有事于天子之国，必用天子之年。其国史记政，必自用其年，不可乱也。当时诸侯纪元，乃是实事，与后世改元者不同也。圣人于"元"上见义，若诸侯无"元"，则亦不成专君矣。如元亨利贞，《乾》《坤》四德，在他卦亦有之，不可谓《乾》《坤》方得有元，他卦不得有也。《易》载其理，《春秋》见其用，恐义亦当如此也。祔礼必行之于庙，但皆不见其制度。《书》中有康王受命一事，恐或可推，但无征不信，不敢遽立说耳。圣人释栾书，归弑于一国之人，若圣人事亲，在乎当诛一国之人乎？不然，《春秋》亦空言耳。宜更思之。窃意《春秋》

当以复仇责平王，而圣人不责之意，亦别有说乎？不然，愚说亦有味也。隐公不请王命，固不是，请王命而有得国之意，亦不可。若革先君之不义，请王命而立宗人之贤者，疑亦可也。道固多端，不可执一也。若纪侯者，非齐侯无道暴横之甚，则多守其国者也。去太王则远甚，亦贤于其他自取灭亡者也。故圣人书法如此。舜之为子，蒸蒸义不格奸，不可与常人比并而论也。天下有大义，亘古亘今，不可磨灭，要在识之而已。以众授齐侯，亦圣人与狂狷之意，非尽善也。无情反复，然心之精微，言岂能宣？涉著言语，便有滞处。历圣相传，所以不专在言语之间也。

又

先儒之说，须傍附义理，不可轻破，要在自以意观之。所谓以田为地统者为是。二，阳也，偶便是坤矣。若阴，则从阳者也，岂可以为统乎？明者，阳也；晦者，阴也。见者，阳也；不见者，阴也。寅正，三阳发见，明孰加焉？故先儒谓夏数得天，百王所同。圣人南面而听天下，必以此为正也。

与孙正孺书（六首）

贫家绝禄，又供远费，会计岁入不赡，正以为挠。辱下喻，寻常亦为公忧之，然闻公每言才亲生产作业便俗了人，果有此意否？古之人盖有名高天下，躬自锄菜如管幼安者；隐居高尚，灌畦粥蔬如陶靖节者。使颜子不治郭内郭外之田，则饘粥丝麻将何以给？又如生知将圣，犹且会计升斗，看视牛羊，亦可以为俗士乎！岂可专守方册，口谈仁义，然后谓之清高之人哉！正孺当以古人实事自律，不可作世俗虚华之见也。以先世之契，不敢不尽言。

又

"大抵行贵精进，言贵简约"，敬夫之言，真有益于左右者也，便可于此痛加工夫。平仲云："心者，万化之原，至理之所在。"此是笼罩语，非端的见者也。何以明其然？天也，命也，性也，岂不可如此言乎？余所立言，皆如此也。道学须用博学、审问、慎思、明辨，然后力行，则不差耳。

又

礼者，因人情而为之节文者也。不知此庶母者，平日事先人，其礼秩何若，其功劳何若。若重则从重，轻则从轻，似不必虞，不必作主，为之服缌。既葬而除，岁时若当祭之，则为位可也，更自随轻重裁处可也。苟非其人，道不虚行。先王制礼，只是大概斟酌，得中正在当人耳。

又

左右资禀过人，大要学问充扩之，须日知其所亡，月无忘其所能，汲汲焉如不及，然后可耳。光阴易失，故大禹所以惜寸阴也。辱许顾我少留，幸甚！惟恐不肯留耳。虽然，相守著亦不济事。古诗云："与君一夕话，胜读十年书。"若左右积思积疑，有不决处则一夜话，真胜读十年书。不然，虽某竭其愚，而左右未能脱然著悟，处则亦空相守也。切望深察。

又

和公所以眷存契末者甚厚甚勤，而某适以畏阴湿，不能副其意，深怀不足也。敬夫特访陋居，一见真如故交，言气契合，天下之英也，见其胸中甚正且大，日进不息，不可以浅局量也。河南之门，有人继起，幸甚幸甚！

又

仁之一义，圣学要道，直须分明见得，然后所居而安。只于文字上见，不是了了，须于行持坐卧上见，方是真见也。更须勉旃！光阴易得摧颓之，人亦有望于警策也。

与谈子立书（二首）

向谋之仙墅，果否？人但恐立志不坚确，树立不终久，自退步耳。若志意坚定，树立日丰厚久长，则所居即为胜地，亦何必依名山大川也！见处要有领会，不可泛滥，要极分明，不可模糊，直到穷神知化处，然后为是耳。道学衰微，风教大颓，吾徒当以死自担，力相规戒，庶几有立于圣门，不沦胥于污世也。

又

礼缘人情而为之节文者也。古者既葬而反虞，虞必作主。祔者，以上祔于庙也。夫丧三年，则凶事也；三年之外，则四时祭享为吉矣。父在，有母之丧，不敢见其父者，不敢以丧礼见也。宗庙，祖宗尊者之所安也，未除丧而祔，而以丧礼入庙，可乎？

故伊川先生以为必三年而后祔，礼也。卒哭谢吊者，有轻重远近，或往或不往，度吾之情何如耳。古人居丧，百事皆废，虽不往，岂不可乎？《礼》曰："送形而往，迎精而返。"精在我者也，心诚则得之矣，此则知鬼神之情状。子立其勉之！

与毛舜举书

伯氏为题斋名曰"不息"，其意盖曰：天之所以为天者，至诚无息而已；君子不息，所以法天也。人以穷理尽性、参赞化育天地之事期我，我其可不自强耶！此事在谢先生《论语》中说得甚力且分明，可反覆熟看，直俟看得入神，不在语言文字间，然后为真得也。吾友勉之！

邵州学记

延平陈公正同，天资忠信，克世其家。作守于邵，小心恭畏，布诏行令，以明伦为先务。叹郡庠库下，亵于嚣尘，考按厥始，乃元符中因皇华馆之旧也。公曰："嘻！此岂尊师重道之礼，其何以明施天子德政乎？"士子合词曰："神霄废宫，地势高明，栋宇宏丽。今为戒坛寺，其徒二三人，坐视废颓，而加之拆毁，请更以奉先圣。"公大悦，从之。咸以劝，以金谷给力役，民不知而学宇一新。既告成厥事，移书某曰："子为我记之。"某以朴学无文辞，不获命，敢援《春秋》不书修泮宫之义敬为公书。

夫为是学者，非教士子美食逸居，从事词藻，幸觊名第，盖将使之修身也。身修，然后人伦明，小民亲，而人道立。故学在天下，不可一日废。愚尝远探鸿荒，天地方开辟，未有文字，而黄帝已学于太真矣。至唐、虞，始设官作命，建教人之所。三代兴王，肇修人纪，乃新其名。洎周之季，人不说学，诸夏衰落，天生孔子，发愤忘食，讲学成经，然后人知所立。后世人主欲保大其业，未有不尊崇师道者也。

今天子临御，万几之余，手写诸经，不厌不倦，至诚无息，风动天下，内兴太学，外诏郡邑，咸崇庠序。夫子被王者服，巍然当坐，群弟子以公侯环列，春秋二时受天下盛礼。在昔黄帝、尧、舜、禹、汤、文、武，真居天位之君也，乃有所不如。其故何哉？成一时之勋业有限，而开万世之道学无穷也。若直守流行于世数卷纸上语，而不得其与天地同体、鬼神同功之妙，则非善学矣。

其合于天地、通于鬼神者，何也？曰：仁也。人而克仁，乃能乘天运，御六气，赞化工，生万物，与天地参，正名为人。若徒掇拾章句，驰骛为文采，借之取富贵，缘饰以儒雅，汲汲计升沉，领光景以快情遂欲，夸妻妾而耀乡里者，是吾弃我经天纬地、建三才、备万物、至大至妙、不赀之身于一物之小也，其不仁孰甚焉？孟子曰："仁也者，人也。合而言之，道也。"仁之道，非便儇矫厉，耳剽口诵之所可得，必刚毅笃实，主忠行恕，而后可至。君子平居尚论，莫不有效古人横身济世之愿，而莫能致知、用力于仁，一旦得仕，所行非所志，所习非所业，势利诱于前，风俗驱于后，患害生于左，呎尼起于右，则必伥伥然冥行而陷于荆棘。虽功高当代，智足以谋，勇足以决，譬犹杞梓连抱而心朽蠹，良工抡材，必不敢以柱六寝，梁五门，栋明堂太室矣。又况初无志愿，而游冶于词艺，縻烂于富贵，虽侏儒店楔，亦孰敢倚而用之？故孟子论人而不仁，则不能保其业而全其躯，此天下之大戒也。有能绎斯言而知味，悟俗学之失真乎？廓然大观，解其胶固，骞然高举，拔于卑陋，潜心夫子之文章，期得夫子之道于文章之表，尚志不自弃，亲师求性初，取友资器利，情欲之妨于理义者消忘之，气质之戾于中和者矫正之，无须臾不敬，无毫忽自欺，则庶几可以言仁矣。

人仁则道立，广大无疆，变通莫测，作绝世真儒于百代之下，续孟氏不传之学，以待有司之举，发六经精微，论百家得失，陈当世之要务，何施而不可？虽然，此特导其源，开其端耳。譬诸卉木，培拥发生，凌云照日，则在乎人焉。游于斯，食于斯，惟为己之学是务，然后识公修崇是学，期望于士子者远矣，大矣！斯道也，与天地相并，造化相关，亘万世而长存，视石上之芜词，又何足为不朽！

复斋记

《易》卦有《复》。孔子曰："复，反也，所以返本复始，求全其所由生也。"人之生也，父天母地，天命所固有也。方孩提，未免于父母之怀；及少长，聚而嬉戏，爱亲敬长，良知良能在，而良心未放也；逮成童、既冠，嗜欲动于内，事物感于外，内外纷纠，流于所偏胜，故分于道者日远也。此《大学》所以不传，而人心之所以流漫支离，不可会归于一欤！

扶风马君名其种学积文之所曰"复斋"，不汩于流俗，慨然有志于大学之道，因予友彪子也来求言，予安能知？然从事于斯，如老农之服田力穑也久矣，请试言其耕耨收获之功焉。

夫人非生而知之，则其知皆缘事物而知。缘事物而知，故迷于事物，流荡失中，无有攸止，自青阳至于黄发，茫茫如旅人不得归家而安处也。今欲驱除其外诱，不失其赤子之心，以复其所由生之妙，则事事物物者，乃人生之不可无，而亦不能扫灭使之无者也。

儒者之道，率性保命，与天同功，是以节事取物，不厌不弃，必身亲格之，以致其知焉。夫事变万端，而物之感人无穷。格之之道，必立志以定其本，而居敬以持其志。志立于事物之表，敬行乎事物之内，而知乃可精。目流于形色，则志自反，而以理视；耳流于音声，则知自反，而以理听；口流于唱和，则知自反，而以理言；身流于行止，则知自反，而以理动。有不中理未尝不知，知之未尝复行，此颜子所以克己复礼，不远复而庶几圣人者也。及其久也，德盛而万物一体，仁熟而变通不穷，岂特不为事物所迷乱而已哉？视听言动，皆由至理，形色音声，唱和行止，无非妙用。事各付事，物各付物，人我内外，贯而为一，应物者化，在躬者神。至此则天命在我，无事于复，而天地之心可一言而尽矣。复之道，于是为至焉。

马君勉之哉！毋惊焉而谓予言之狂也。必顾名思义，与其友朋牵连而复于道，然后为称矣。马君名宁祖，字奉先。

有本亭记

绍兴庚戌岁（此或五峰误记，盖绍兴元年为辛亥，前一年为建炎四年庚戌），先君子自荆、郢趋吴、越，遇腹心之疾，不至而返，徜徉游行，遂至湖南，横涉清流，顾而叹曰："此非沧浪之水乎？何其清之甚也！源可寻而濯我缨乎？"则命门弟子问津于居人，于是傍西山之阴，逶迤而入，不及百步，苍然群木之下，翠绿澄净，藻荇交映，俗以其色故号为"碧泉"。登山四顾，乃洞庭之南，潇湘之西，望于衡山百里而近，盖太古夷荒未辟之墟。而泉出于盘屈石山之下，凝然清光，微澜无波，沄沄而生。平岸成溪，放乎远郊。却步延目，溪虽清浅，而有长江万里之势焉。先君子徘徊不能去，拂石倚筇而坐，喟然而兴曰："水哉！水哉！惟其有本也，故不舍昼夜，仲尼所以有取耳。吾老矣，二三子其相吾志！"乃求得其地，夷榛莽，植松竹，山有为樵牧所残者养之，流有为蒿壤所壅者疏之，岩石之为草木所湮没者辟之。未及有成，而先君子长弃诸孤。今也免丧而不死，慨念先君子道学德行，渊源溥博，不可涯涘。其移见于天下，皆应时而出者也，惟其身有之，是以感是水而崇之。藐然不肖，深自思念，仰望先君子，智之不及至远也。然守遗体，奉遗训，期确然自守，不敢与流俗同波，故作亭源上，名曰"有本"，表著其所愿学，以无忘先君子平生之言，比于盘盂之铭、几杖之戒，庶几我先君子之志不陨于地，亦若是泉之流衍，亘万世而不穷也。后之人毋念尔祖，尚其嗣之！

不息斋记

（编按：可与上《与毛舜举书》互看）

绍兴二十有九年春，友生毛子请曰："以谟斋房，衡麓先生名曰'不息'。惟义之奥，至今十年，若存若亡，请先生辞而达之，以比盘盂、几杖之铭戒，庶几可以朝夕从事。"予闻其言，喟然叹曰：先兄既为子名，我其可不敷畅厥义，以励子志？然难言也。子试察夫天地之间，有一物息者乎？仰观于天，日月星辰不息于行也；俯察于地，鸟兽草木不息于生也；进而观之朝廷之上，卿士大夫不息于爵位也；退而观乎市井之间，农工商贾不息于财货也。滔滔天下，若动若植，是曾无一物息者矣。今予兄以不息教子，无乃使子泯泯然与万物同波，沦胥以亡乎！将何以收子之放志，丧万物而正之邪？惟子知其有道也。子其审听吾之言乎？日月星辰虽不息于行，而息于象；鸟兽草木虽不息于生，而息于形；卿士大夫之不息于爵位也，而同息于名；农工商贾之不息于财货也，而同息于利。夫有所息，则滞于物。滞于物者，不全于天。不全于天者，虽日月星辰不能以自化，而况于六尺之躯乎！噫！六尺之躯有神妙，而人不自知也。圣人诏之曰："人者，天地之心也。"此心宰制万物，象不能滞，形不能婴，名不能荣辱，利不能穷通，幽赞于鬼神，明行乎礼乐，经纶天下，充周咸遍，日新无息。虽先圣作乎无始，而后圣作乎无穷，本无二性，又岂有阴阳寒暑之累，死生古今之间哉！是故学为圣人者，必务识心之体焉。识其体矣，不息所以为人也。此圣人与天地为一之道。大哉言乎！舜、禹知之乎？吾徒其可以日月至焉而已乎？孔子曰："学而时习之。"此不息之端也。言有尽，旨无穷，有志于道者可忽诸！

《程子雅言》前序

天生蒸民，必有圣贤为之耳目。自尧而上，如黄帝、伏羲，虽时有见于传记，不可得而详其事矣。自尧而下，有大舜，有伯禹，商有汤，周有文王，群圣相继，中覆载而立，定海宇之民，政教列乎史官，事业光乎百代，分也。独吾夫子穷不得居天位，道德之积与天地同大，道德之发与日星并明，凡在斯人，莫不争慕，有不言而化者，有闻一言而悟者，作新人才，力侔造化，裁成六经，以配无穷，亦庶几尧、舜、文王之功矣，命也。及颜氏子死，夫子没，曾氏子嗣焉；曾氏子死，孔子之孙继之；于其没也，孟氏实得其传；孟氏既没，百家雄张，著书立言，千章万句，与六经并驾争衡，其间最名纯雅、不驳于正统者，莫如荀、扬。然荀氏以不易之理为伪，不精之甚也；扬氏以作用得后为心，人欲之私也。故韩子断之曰："轲之死，不得其传。"呜呼！甚矣，夫子之穷也，既无位以摅其急行斯道，既没之后，传数世而遂绝者且百年矣。呜呼！甚矣，夫子之穷也。天于斯文，何其难哉！

或曰：然则斯文遂绝矣乎？大宋之兴，经学倡明，卓然致力于士林者，王氏也，苏氏也，欧阳氏也。王氏盛行，士子所信属之王氏乎？曰：王氏支离，支离者，不得其全也。曰：欧阳氏之文典以重，且韩氏之嗣矣，属之欧阳氏乎？曰：欧阳氏浅于经，浅于经者，不得其精也。曰：苏氏俊迈超世，名高天下，属之苏氏乎？曰：苏氏纵横，纵横者，不得其雅也。然则属之谁乎？曰：程氏兄弟，明道先生、伊川先生也。或者笑曰：其为言也不文，世人莫之好也；其制行也仿古，世人莫之信也。其讲道也，惟开其端；其言治也，不计其效，盖迂阔之至也，曷足以为斯民耳目，纂尧、舜、文王、孔、孟之绪乎？而子属之以传，过矣！曰：言之不文，乃发于口而门人录之。传先生之道，泽及天下，是其乐也；传之其人，又其次也。修饰辞华，以矜愚众，非其志也。行之仿古，不徇流俗，必准之于圣人也；讲道启端，不骋辞辨，欲学者自得之也；治不计效，循天之理，与时为工，而期之以无穷也。若夫中春风日，拂拂融融，盖其和也；风洌而霜凝，盖其肃也；山之定止，万货滋生，盖其德也；川奔放而来无尽，盖其应也；四时更代，盖其变化也。莫知其所以然，盖先生之神明不可得而测也。其为人也，可谓大而化矣，吾将以之为天。呜呼！其不及尧、舜、文王之分，则又命也。虽然，唱久绝之学于今日，变三川为洙、泗之盛，使天下之英才有所依归，历古之异端，一朝而谬戾，见比于孔子作《春秋》、孟子辟杨、墨，其功大矣。属之以传，又何过哉！予小子恨生之晚，不得供洒扫于先生之门，姑集其遗言，行思而坐诵，息养而瞬存，因其所言而得其所以言，因其所以言而得其言之所不可及者，则与侍先生之坐而受先生之教也，又何异焉！故此书之集，非敢传之其人也，姑自治而已。

《程子雅言》后序

风气有醇漓，故真元不常会，则圣人不世出。道时有不明，贤智过乎大中之表，愚与不肖陷乎卑污之陋，统纪纷错而天下始病矣。自尧、舜之盛，既乎孔子，风气浸漓，上无明王，下无贤佐，至道泯然其将绝。苟非载以文而指示焉，则后世虽有间气英明之士，亦且惑于异端，天下几何其不流而入于禽兽也！圣人有忧之，为之作六经。六经，指道之大路，而《语》《孟》又指入六经之关要也。彼舟楫之作，虽十步之川，人人咸知得舟而后济。夫六经,济天下之大舟也。治身而不循六经者,丧身;治家而不循六经者,亡家。天下陵荡,纪纲摧圮,未有不由弃六经之言者。

或以为孔子没而朱、翟肆,孟氏死而黄、老盛,六经安在其有益?《易》曰:"神而明之,存乎其人。"昔王莽诵六经以灭身,霍光闻一言而建殊绩。以孔子之言,可因是思而知矣。自秦焚书坑儒以后,章句紊乱,六经之义浸微浸昏,重以本朝丞相王安石专用己意训释经典,倚威为化,以利为罗,化以革天下之英才,罗以收天下之中流,故五十年间,经术颓靡,日入于暗昧支离,而六经置于空虚无用之地。方其时也,西洛程伯淳、其弟正叔二先生者,天实生之,当五百余岁之数,禀真元之会,绍孔、孟之统,振六经之教,然风气仍衰而未盛也。故明道先生早世,先进高第相继以亡,伊川先生以一己之力横制颓波,是以六经之文犹有未赞者,而先生已没,然大纲张理者亦多矣。十余年间,后进高第亦从而逝,故先生之文散脱不类,流落四方者,率皆讹舛,天下所传无完本。

予小子既深知天下之于六经,如无舟楫之不可济,倘不为之类集,则罪人也,用是汲汲以成之。然其言质素而不华,理平淡而无奇。无文之言,犹璞玉也,雕琢者在于玉工,吾能存之而已。无欲之理,天理也,非存纯粹精一之心,操弘大毅然之志,未易得也,我则行之。

试言读此书之法,为同志起予之益乎!反覆乎句读,神明乎心体,知六经为启我之要。与其滞泥训诂传注之末,不知六经之旨,漫然放诞,不切于身者,犹王莽、霍光之有间,其初一问而已,可不慎哉!又况不为霍光而晞孔、孟者乎!必潜心于此书,妙如伯乐之相马,然后足以振历古之衰弊,破王安石之奸说,嗣先圣之志，守先王之道，以待后之学者绵绵不绝，尚足以助风气之盛，而兴太古之淳也。

《周子通书》序

《通书》四十章，周子之所述也。周子名敦颐，字茂叔，舂陵人。推其道学所自，或曰：传《太极图》于穆修也，修传《先天图》于种放，放传于陈抟。此殆其学之一师欤？非其至者也。希夷先生有天下之愿，而卒与凤歌、荷蓧长往而不来者伍，于圣人无可无不可之道，亦似有未至者焉。

程明道先生尝谓门弟子曰："昔受学于周子，令寻仲尼、颜子所乐者何事。"而明道先生自再见周子，吟风弄月以归，道学之士皆谓程颢氏续孟子不传之学，则周子岂特为种、穆之学而止者哉？粤若稽古，孔子述三王之道，立百王经世之法；孟轲氏辟杨、墨，推明孔子之泽，以为万世不斩，又谓孟氏功不在禹下。今周子启程氏兄弟以不传之学，一回万古之光明，如日丽天，将为百世之利泽，如水行地，其功盖在孔、孟之间矣。

人见其书之约也，而不知其道之大也；人见其文之质也，而不知其义之精也；人见其言之淡也，而不知其味之长也。顾愚何足以知之？然服膺有年矣，试举一二语为同志者启予之益乎！患人以发策决科，荣身肥家，希世取宠为事也，则曰"志伊尹之所志"；患人以知识闻见为得而自尽，不待贾而自沽也，则曰"学颜回之所学"。人有真能立伊尹之志，修颜回之学，然后知《通书》之言包括至大，而圣门之事业无穷矣。故此一卷书皆发端以示人者，宜度越诸子，直与《易》《诗》《书》《春秋》《语》

《孟》同流行乎天下。是以叙而藏之，遇天下善士尚论前修而欲读其书者则传焉。

横渠《正蒙》序

斯文施设乎二帝三王之政，笔削于孔子、孟轲之书，其教亦备矣。然轲没未几，而遭焚坑之祸，历两汉，涉魏、晋，至唐、五代，缉之者不足以药疮孔、补罅漏，大为异端之所薄蚀，斯文之气奄奄欲尽。《易》："穷则变，变则通。"是以我宋受命，贤哲仍生，舂陵有周子敦颐，洛阳有邵子雍、大程子颢、小程子颐，而秦中有横渠张先生。

先生名载，字子厚。自童幼则知虔奉父命，及长，博文集议，致深沉之思，取友于天下，与二程子为至交。知礼成性，道义之出，粹然有光，关中学者尊之，信如见夫子而亲炙之也。先生间起从仕，道大不偶，以疾归休。著书数万言，极天地阴阳之本，穷神化，一天人，所以息邪说而正人心，故自号其书曰"正蒙"，其志大，其虑深且远矣。而诸家所编，乃有分章析句，指意不复闳深者错出乎其间，使人读之无亹亹不倦之心，望以传久，不亦难乎！今就其编剔摘为《内书》五卷、《外书》五卷，传之同志，庶几先生立大本、斥异学之志远而益彰。虽得罪于先生之门人，亦所不辞也。

《皇王大纪》序

天道保合而太极立，氤氲升降而二气分。天成位乎上，地成位乎下，而人生乎其中。故人也者，父乾母坤，保立天命，生生不易也。天生万物，日月星辰施其性；地生万物，水火金木运其气；人生万物，仁义礼智行其道。君长陪贰由道以纲纪，人生而理其性，然后庶绩熙，万物遂，地平天成而人道立。三皇五帝、三王五伯者，人之英杰，为君为长，率其陪贰，应时成物，如春之生，夏之长，秋之利，冬之贞也。自尧而上，六阀逢无纪；尧之初载甲辰，迄于赧王乙巳，二千有三十年，天运之盛衰一周，人事之治乱备矣，万世不能易其道者也。后人欲稽养生理性之法则，舍皇帝王伯之事何适哉！呜呼！圣人作书契，以记事之情，明心之用，自皇帝坟典，至于孔子《春秋》，法度文章盈天下。七雄诸侯弃礼纵欲，窃去害己之籍。迨秦吕政穷欲极凶，遂公行焚禁。孔子八世孙鲋，虽以藏经为己任，然亡秦之暴烈于猛火，藏之甚秘，禁未解而鲋死。汉兴数叶，然后出于孔氏屋壁，坏烂漫灭，经是以仅存而不完。若夫史传则莫为之主，追纪录于杂识多闻之士，或出于好事者之胸臆，故有甚悖于理、害于事者。历世老宿世儒，或循习而不悟，或存置而不察，或偏倚而不该，后生蒙昧，不知取正于道。夫道之为百家裂也久矣。

我先人上稽天运，下察人事，述孔子，承先圣之志，作《春秋传》，为大君开为仁之方，深切著明，配天无极者也。愚承先人之业，辄不自量，研精理典，泛观史传，致大荒于两离，齐万古于一息，根源开辟之微茫，究竟乱亡之征验。事有近似古先而实怪诞鄙悖者，则裁之削之；事有近似后世而不害于道义者，咸会而著之；庶几皇帝王伯之事可以本始百世诸史乎！

诸家载记，所谓史也。史之有经，犹身之支体有脉络也。

《易》《诗》《书》《春秋》，所谓经也。经之有史，犹身之脉络有支体也。支体具，脉络存，孰能得其生乎？夫生之者人也，人仁则生矣，生则天地交泰，乾坤正，礼乐作，而万物俱生矣。是故万物生于性者也，万事贯于理者也。万化者，一体之所变也；万世者，一息之所累也。若太极不立，则三才不备，人情横放，事不贯，物不成，变化不兴，而天命不几于息乎？愚是以将求友于天下，与之合堂同席而论焉，又与之接袂比肩而立焉。不得于今，必得于后，此《皇王大纪》之所以书也。

彪君墓志铭

君讳虎臣，字汉明。生七十五年，绍兴二十有二年卒。卒之日，湘中贤士大夫失声叹息，曰："善人亡矣！"子有一人。将葬于湘潭沿湖之源，其子泣而请叙其行治，求铭。

作者谨按彪氏出于楚斗谷于菟，实令尹子文俶世，著姓于卫君。七世祖避李唐中叶之患，自山东徙于潭州湘潭县。曾大父翼、大父淑皆好善乐施，有长者称。父约，天性孝友沉厚。君生六龄，家贫甚，有道流诱之，奋然曰："我家世读书，可从尔乎！"父甚壮之，力遣就学，颖出诸童稚。年十有一，游郡庠，俊伟不群。既而连遭大父母丧，竭力营养，不汲汲求进。获荐之日，年逾四十，益念亲老，不复求仕。以经术教授，学者争迎致，因是徙居湘潭县之冠田。天性和易，而教尚方严，以不欺为本，以孝弟为先，以文艺为后，故从之者不徒务进取，率有不畏而不为。青人张所早游京洛，闻二三先生余论，所至知访求人物，宣和中典教长沙，遣其壻就学，远近士子益依归焉，号为乡先生。居亲则油油翼翼，不忍暂出，无毫发忤。丁父忧，虑无以葬，友人谭烈父奉议公极见其哀毁，恻然心动，则舆以己所卜地，又使用其最吉者。及至葬，远近来观，无可恨恨，皆叹息曰："此诚信所致也。"因母有上气疾，遂究心于医，每疾作，与其配王氏衣不解带。及母丧，年始衰矣，哀慕如童少。夫妇终始相敬，君必整冠衣危坐。生二子，曰居厚、居正。女一人，适乡人许君。许君早卒，女从父母志守节不贰。收教亲族孤遗者三人，教之不入，自恨自责，为之婚娶，死又抚其孤。终身与人交，惟恐其有不善。父子兄弟朋友之间有争忿、欲离绝者，以为之洗磨瑕垢，复相和好。邻有幼孤，以门内阋夺潜寄囊中巨万，君哀而受之，长而归之，无毫发取。奉上不过恭，接下不轻狎，爱重故旧，犯而不校，胸中了然，不妄臧否，遇人饥寒解衣推食。君之学本诸六经，泛观百氏，无所不通，甚不喜浮屠学。我仲氏被召造朝，访以治道，君慨然白："今日之急，民心涣散，收之在于理财，理财在宽其力。省官吏而严限冗杂，并州县而尊重守令，禁侈而节制衣服，励任予，举孝廉，严保仕，增泉货，行法之初，遣使观风者，较真伪，信赏必罚，时不小康者，未之有也。"其言明辨，亹亹有条理，真怀才抱道，不试之人也。有《湘山野老十一论》，传于知己。方君壮年，靖康守王公某倜傥好士，闻名立挽致，一见奇之，欲以边功奏。君曰："此浇冒事，某不为也。"晚年欲劝就恩，君笑曰："早乖志愿，晚而窃禄，非本志矣。"少时与同郡王以宁负豪气，不相下，后二十年，王因乱自达以诗，问君曰："'浩歌排两脚，豪思横天涯。'今如何也？"君谢曰："初年习气扫除尽矣，穷达异道，何相问为？"足迹不入城府者二十年，伏饥腊寒，泊如也。交游哀金为求田问舍，君不肯受。我伯氏及向公子复交，以书喻之，君虽不得辞而终自愧。

自舂陵周先生死，湘中学者无所师承，吾先君南渡熊湘，君一见则有得于心，及其子长，遂命受业于门矣。将启手足，命居正曰："尔其卒业于文定之门。"援笔书曰："痛哉永诀！累吾良友。"又命居正达意许氏："俾尔姊得终其节，则吾死亦瞑目矣。"语毕而卒。呜呼！生不为名利累，死不为儿女悲，临大变，质诸义，无愧辞，全天归之，可谓仁矣。惟君深知宏义不得辞其子请，谨状。后九年，居正再拜而前曰："楚衡先生既终矣，铭先人之墓者，舍先生谁可为之！"铭曰：

维时子文、孔圣以为有未知兮，后二千年其曾孙能之。不王不伯纾国难以成其忠兮，而天命婴之。克振厥祖有曾孙兮，启佑后人而敬承之。我作诗诏尔三楚之士兮，庶或赓之。

题吕与叔《中庸解》

靖康元年，河南门人河东侯仲良师圣自三山避乱来荆州，某兄弟得从之游，议论圣学，必以《中庸》为至。有张焘者，携所藏明道先生《中庸解》以示之，师圣笑曰："何传之误！此吕与叔晚年所为也。"焘亦笑曰："焘得之江涛家，其子弟云然。"按河南夫子，侯氏之甥，而师圣又夫子犹子夫也。师圣少孤，养于夫子家，至于成立，两夫子之属纩，皆在其左右。其从夫子最久，而悉知夫子文章为最详。其为人守道义，重然诺，言不妄，可信。后十年，某兄弟奉亲南止衡山，大梁向沈又出所传明道先生解，有莹中陈公所记，亦云此书得之涛。某反覆究观词气，大类横渠《正蒙》书，而与叔乃横渠门人之肖者，征往日师圣之言，信以今日己之所见，此书与叔所著无可疑明甚。惜乎莹中不知其详，而有疑于行状所载，觉斯人明之书皆未友之语耳。虽然，道一而已，言之是，虽阳虎之言，孟轲氏犹有取焉，况与叔亦游河南之门大本不异者乎？尊信诵习，不敢须臾忘勇哉！莹中之志，某虽愚，请从其后。

题司马傅公帖

愚晚生于西南僻陋之邦，幼闻过庭之训，至于弱冠，有游学四方访求历世名公遗迹之志，不幸戎马生于中原，此怀不得伸久矣。今获观文正司马公、献简傅公书诗十有二纸，反复诵玩，亦足以见君子之交虽相称誉，必以情实，无朋党比周之意也。哲庙之初，拔茅连茹，以其汇征，故元祐之政，斯民鼓舞，乃有立党论以排君子者，遂使神州陆沉，衣冠蘼于江左。孰能反斯道，任如文正、献简者之人，以佐天子，内修政事，外攘夷狄，复祖宗之境土乎！堂堂大宋，必有人焉。《易》曰："否终则倾。"言否之不可长也。予傥不以穷困疾病即死，尚庶几及见焉。

题张敬夫《希颜录》

颜子资禀天然完具者，以其天地心，大则高明，高明则物莫能蔽，故闻一知十，观听夫子言行，终日不违，更无疑义，亦谓贤达之士，自足了一生矣。然夫子必博之以文，使颜子求知所生而至之；约之以礼，使颜子既知所终，力进而终之，致颜子进德修业，与天同大，不止了其一生。此圣人所以成就英才，欲与共代天工者也。《论语》之所谓礼，即《中庸》之所为善。颜子有不善，未尝不知，至明也，非物格者不能也；知之，未尝复行，至勇也，若非仁者不能也。起居言语，无非妙道精义，自不可须臾离，故欲罢不能也。既竭吾才可用力处，颜子无不尽也，如有所立卓尔。颜子见夫子妙处，卓然分明也，虽欲从之，末由也已。非不能从也，妙处不可以才力进也。要当加之以岁月，自然而化耳。此颜子之学所以为有准的也。当时夫子循循善诱之，方今虽不可得而闻，然博之之文，约之之礼，具载于《易》《诗》《书》《春秋》，粲然盈于天地日月之间，患在人由之而不知，或少知之而遂自画，不下颜子进退不已之功耳。此圣学之所以鲜传，异端之所以横流，为可惧者也。

敬夫著《希颜录》，有志于道。大哉志乎！颜子欲为大舜其所为者，有始有终如是焉，终亦不已矣。故夫子既许颜子以损益四代，而犹戒以"放郑声，远佞人"，不以人心为可恃也。使敬夫而得是意，则玩是录可也，忘是录可也，庶几传之者广，而圣人可作，邪说可息，岂小补哉？某从事于斯，既专且久，故乐为敬夫道，不自知其愚也。

题《大学》

傃甥：尔曾叔祖祭尔考之词曰："勿忧傃不俊，当忧其不学；勿忧傃无官，当忧其不立。"呜呼！至哉斯言也。夫不学，则不能有立；不能有立，虽俊而贵，将焉用之？自恃俊才，挟贵势以覆宗亡家者多矣。余故曰：尔曾叔祖好学有立之言为至也。

虽然，世学多岐，鲜知正务。《大学》一书，孔氏之门指学道之正路也。余今授尔以伊川所正之文，往熟读之，朝夕勿忘，必至于能有所疑，亲师而问之，取友以磨之，必至于昭然若发蒙，一见天地之全、古人之大体，庶几学成有立，不负尔曾叔祖敦厚本宗之志，以不坠尔祖延康公之业矣。傃勉之哉！

传记资料

胡宏传

宏字仁仲，幼事杨时、侯仲良，而卒传其父之学。优游衡山下余二十年，玩心神明，不舍昼夜。张栻师事之。绍兴间上书，其略曰：治天下有本，仁也。何谓仁？心也。心官茫茫，莫知其乡，若为知其体乎？有所不察则不知矣。有所顾虑，有所畏惧，则虽有能知能察之良心，亦浸消亡而不自知，此臣之所大忧也。夫敌国据形胜之地，逆臣僭位于中原，牧马骎骎，欲争天下。臣不是惧，而以良心为大忧者，盖良心充于一身，通于天地，宰制万事，统摄亿兆之本也。察天理莫如屏欲，存良心莫如立志。陛下亦有朝廷政事不干于虑，便嬖智巧不陈于前，妃嫔佳丽不幸于左右时矣。陛下试于此时沉思静虑，方今之世，当陛下之身，事孰为大乎？孰为急乎？必有欿然而馁，恻然而痛，坐起彷徨不能自安者，则良心可察，而臣言可信矣。昔舜以匹夫为天子，瞽瞍以匹夫为天子父，受天下之养，岂不足于穷约哉？而瞽瞍犹不悦。自常情观之，舜可以免矣，而舜蹙然有忧之，举天下之大无足以解忧者。徽宗皇帝身享天下之奉几三十年。钦宗皇帝生于深宫，享乘舆之次，以至为帝。一旦劫于仇敌，远适穷荒，衣裘失司服之制，饮食失膳夫之味，居处失宫殿之安、妃嫔之好，动无威严，辛苦垫隘。其愿陛下加兵敌国，心目睽睽，犹饥渴之于饮食。庶几一得生还，父子兄弟相持而泣，欢若平生。引领东望，九年于此矣。夫以疏贱，念此痛心，当食则噎，未尝不投箸而起，思欲有为，况陛下当其任乎？而在廷之臣，不能对扬天心，充陛下仁孝之志；反以天子之尊，北面仇敌。陛下自念，以此事亲，于舜何如也？且群臣智谋浅短，自度不足以任大事，故欲偷安江左，贪图宠荣，皆为身谋尔。陛下乃信之，以为必持是可以进抚中原，展省陵庙，来归两宫，亦何误耶！万世不磨之辱，臣子必报之仇，子孙之所以寝苫枕戈，弗与共天下者也；而陛下顾虑畏惧，忘之不敢以为仇。臣下僭逆，有明目张胆显为负叛者，有协赞乱贼为之羽翰者，有依随两端欲以中立自免者，而陛下顾虑畏惧，宽之不敢以为讨。守此不改，是祖宗之灵，终天暴露，无与复存也；父兄之身，终天困辱，而求归之望绝也；中原士民，没身涂炭，无所赴愬也。陛下念亦及此乎？王安石轻用己私，纷更法令，弃诚而怀诈，兴利而忘义，尚功而悖道，人皆知安石废祖宗法令，不知儿并与祖宗之道废之也。邪说既行，正论屏弃，故奸谀敢挟绍述之义以逞其私，下诬君父，上欺祖宗，诬谤宣仁，废迁隆祐。使我国家君臣父子之间，顿生疵疠，三纲废坏，神化之道泯然将灭。遂使敌国外横，盗贼内讧，王师伤败，中原陷没，二圣远栖于沙漠，皇舆僻寄于东吴，嚣嚣万姓，未知攸底，祸至酷也。若犹习于因循，惮于更变，亡三纲之本性，昧神化之良能，上以利势诱下，下以智术干上。是非由此不公，名实由此不核，赏罚由此失当，乱臣贼子由此得志，人纪由此不修，天下万事倒行逆施，人欲肆而天理灭矣。将何以异于先朝，求救祸乱而致升平乎？

末言：陛下即位以来，中正邪佞，更进更退，无坚定不易之诚。然陈东以直谏死于前，马伸以正论死于后，而未闻诛一奸邪，黜一谀佞，何摧中正之力，而去奸邪之难也？此虽当时辅相之罪，然中正之士乃陛下腹心耳目，奈何以天子之威，握亿兆之命，乃不能保全二三腹心耳目之臣以自辅助，而令奸邪得而杀之，于谁责而可乎？臣窃痛心，伤陛下威权之不在己也。

高闶为国子司业，请幸太学，宏见其表，作书责之曰：太学，明人伦之所在也。昔楚怀王不返，楚人怜之，如悲亲戚。盖忿秦之以强力诈其君，使不得其死，其憯胜于加之以刃也。太上皇帝劫制于强敌，生往死归，此臣子痛心切骨，卧薪尝胆，宜思所以必报也。而柄臣乃敢欺天罔人，以大仇为大恩乎？昔宋公为楚所执，及楚子释之，孔子笔削《春秋》，乃曰："诸侯盟于薄，释宋公。"不许楚人制中国之命也。太母天下之母，其纵释乃在金人，此中华之大辱，臣子所不忍言也。而柄臣乃敢欺天罔人，以大辱为大恩乎？晋朝废太后，董养游太学，升堂叹曰："天人之理既灭，大乱将作矣。"则引远而去。今阁下目睹忘仇灭理，北面敌国以苟宴安之事，犹偃然为天下师儒之首。既不能建大论，明天人之理以正君心；乃阿谀柄臣，希合风旨，求举太平之典，又为之词云云，欺天罔人孰甚焉！

宏初以荫补右承务郎，不调。秦桧当国，贻书其兄寅，问二弟何不通书，意欲用之。寅作书止叙契好而已，宏书辞甚厉。人问之，宏曰："政恐其召，故示之以不可召之端。"桧死，宏被召，竟以疾辞，卒于家。著书曰《知言》。张栻谓其言约义精，道学之枢要，制治之蓍龟也。有诗文五卷，《皇王大纪》八十卷。

（《宋史》卷四百三十五，列传第一百九十四）

五峰学案

　　胡宏，字仁仲，崇安人。文定之季子。自幼志于大道，尝见龟山于京师，又从侯师圣于荆门，而卒传其父之学。优游衡山二十余年，玩心神明，不舍昼夜。张南轩师事之，学者称五峰先生。朱子云："秦桧当国，却留意故家子弟，往往被他牢笼出去，多坠家声。独明仲兄弟，却有树立，终不归附。"所著有《知言》及诗文、《皇天大纪》。

　　百家谨案：文定以游广平之荐，误交秦桧，失知人之明，想先生兄弟，窃所痛心，故显与桧绝，所以致堂有新州之徙。先生初以荫补右承务郎，避桧不出，至桧死，被召，以疾卒。呜呼！此真孝子慈孙，克盖前人之愆者也。其志昭然，千古若见焉。

（《宋元学案》卷四十二）

图书在版编目（CIP）数据

知言 /（宋）胡宏撰；张旭辉导读 . —合肥：黄山书社, 2021.12（2024.11）
（儒家要典导读书系）
ISBN 978-7-5461-9959-7

Ⅰ.①知… Ⅱ.①胡…②张… Ⅲ.①古典哲学—中国—宋代 Ⅳ.① B244.99

中国版本图书馆 CIP 数据核字（2021）第 274782 号

儒家要典导读书系·知言　　　　　　　　　　　　　宋·胡宏　撰
RUJIAYAODIANDAODUSHUXI·ZHIYAN　　　　　　张旭辉　导读

出 品 人　葛永波
责任编辑　朱莉莉
责任印制　李　磊
装帧设计　观止堂_未氓
出版发行　黄山书社
地址邮编　安徽省合肥市蜀山区翡翠路 1118 号出版传媒广场 7 层　　邮编：230071
印　　刷　安徽联众印刷有限公司
版　　次　2022 年 4 月第 1 版
印　　次　2024 年 11 月第 2 次印刷
开　　本　880 mm×1230 mm　1/32
字　　数　180 千字
印　　张　7.25
书　　号　ISBN 978-7-5461-9959-7
定　　价　28.00 元

服务热线　0551-63533706　　　　　　　　版权所有　侵权必究
销售热线　0551-63533761　　　　　　　　本版图书凡出现印装质量问题，请与出版社联系。
官方直营书店（https://hsss.tmall.com）　联系电话　0551-63533711